GIIS

广东国际战略研究院智库丛书

企业存亡与市场活力

ENTERPRISE SURVIVAL AND MARKET VITALITY

从工商企业大数据看广东经济

EVIDENCE FROM THE BIG DATA OF INDUSTRIAL AND COMMERCIAL ENTERPRISES IN GUANGDONG

李 青 查婷俊 徐丽鹤 著

社会科学文献出版社
SOCIAL SCIENCES ACADEMIC PRESS (CHINA)

前　言

一直以来，民营企业都是广东经济增长的重要支撑力量，为广东省经济的改革与发展提供了源源不断的动力。一方面，自1990年以来广东省工商企业注册数量逐年递增，从累计注册企业存量的7.69万家上升至2017年的88.13万家。另一方面，企业退出率在1990～2017年经历了先上升后下降的变化过程，近年来均稳定在3%左右。本书进一步通过对市场主体的进入、生存、创新、退出等四个维度指标进行标准化，按照区域构建市场主体活跃度指数，发现其与广东省历年GDP的变动趋势相一致，例如，2012年商事制度改革在广东省率先试点之后，企业注册数量从24.49万家起，以年均29.19%的增长率增长至2017年的88.13万家；在金融危机爆发之后，实体经济面临诸多现实困境，企业退出率不断提高，在2007～2008年回升至10.19%等。

本书首先对广东省工商企业注册、企业生命周期分布以及广东省市场活跃度进行了简单的概述，并对全书使用的主要指标和数据进行了相关说明。全书的核心部分一共分为6篇，包括创业篇、吸引外来投资篇、创新篇、发展篇、退出篇和广东省市场主体活跃度指数篇。

在创业篇中，主要对广东省创业企业的产业分布特征及演变趋势、行业分布特征及演变趋势以及区域分布特征及演变趋势进行逐一分析，数据显示，自1990年以来，广东经历了由“制造大省”向“服务大省”的转变。从行业看，制造业、批发和零售业以及租赁和商务服务业在各时期占比均较高，而其他行业的新注册企业行业占比则较低，且变化较为平稳。从地区看，新注册企业数目在广东省大部分城市呈现出波动上升的趋势，其中，深圳市、广州市、东莞市、佛山市、惠州市是广东省最有吸引力的城市。

在吸引外来投资篇中，对广东省外来投资和风险投资的产业分布特征及演变趋势、行业分布特征及演变趋势以及区域分布特征及演变趋势进行逐一分析，发现广东省城市间两极分化较为严重。具体而言，从外来投资的数据看，广东省吸引外来投资的能力在三大产业中均有提升，其中制造业、批发和零售业以及科学研究和技术服务业在各时期占比均较高，深圳市、广州市、珠海市、佛山市、东莞市是广东省对外来投资最有吸引力的城市。从风险投资的数据看，大部分行业的风险投资行业占比基本维持在10%左右，仅有房地产业、批发和零售业，制造业以及租赁和商务服务业风险投资行业占比波动较大，深圳市、广州市、东莞市、珠海市、佛山市是广东省对外来投资最有吸引力的城市。

在创新篇中，主要从专利数和注册商标数这两个指标，对广东省企业创新情况的产业分布、行业分布以及地区分布特征进行分析。数据表明，从专利数角度看，制造业、批发和零售业以及科学研究和技术服务业在各时期占比均较高，是广东省创新的支柱行业，深圳市、广州市、东莞市、佛山市、珠海市是广东省创新的主力城市，而韶关市和梅州市近三年来出现了新增专利数量大幅减少的情况，显示出创新能力后劲不足的态势。从商标数角度看，第三产业逐步取代第二产业，成为注册商标数产业份额占比最高的产业，汕头市、肇庆市、汕尾市、潮州市和揭阳市经历了 3 年左右的持续下降，而深圳市、广州市、佛山市、东莞市、中山市则是广东省商标注册的重镇。

在发展篇中，通过对企业平均存活时间的产业分布、行业分布以及地区分布特征进行分析，发现广东省第二产业的企业平均存活时间最长，而第三产业的企业平均存活时间最短，尤其是住宿和餐饮业、信息传输、软件和信息技术服务业、水利、环境和公共设施管理业、教育业、文化、体育和娱乐业、居民服务、修理和其他服务业的平均存活时间仅有 2 年，珠三角地区的企业平均存活时间也低于非珠三角地区 0.64 年。

在退出篇中，对企业退出的产业分布、行业分布以及地区分布特征进行分析。总体而言，1990～2017 年广东省企业退出率呈现先上升后波动下降的趋势。其中，第一产业企业注销数量呈现先上升后下降的趋势，第二产业注销企业数量变化整体呈波动上升趋势，且波动趋势非常明显，第三产业注销企业数量变化趋势则整体呈波动上升趋势。采矿业、批发和零售业、信息传输、软件和信息技术服务业、金融业、水利、环境和公共设施管理业、居民服务、修理和其他服务业、教育业以及文化、体育和娱乐业的企业退出率在不同时间的波动较大，他们对第二产业和第三产业内部的结构变动起到了重要影响。

在广东省市场主体活跃度指数篇中，主要根据市场主体的行为，包括进入、退出、生命周期、创新等四个维度指标，通过标准化方式，按照区域构建市场主体活跃度指数。总体而言，广东省市场主体活跃度指数（market efficient index，MEI）和历史 GDP 发展趋势一致，尤其在广东改革的关键年份上，该指标在一定程度上反映了现实的改革绩效。

与现有的研究相比，本书有五大特点：（1）与现有关于广东经济发展的文献最大的区别在于，本书以完备的工商企业大数据来记录历史，并以此为基础，统计分析并归纳广东省市场主体发展规律。（2）与现有的以 GDP、工业企业数据、经济普查数据等关于产出结果数据进行统计报告的研究不同，本书以全量的工商注册企业数据为基础，即从有工商企业记录开始的全部工商企业大数据，从企业生命周期的视角，来分析和总结广东省经济发展历程。（3）与企业管理、市场理论等理论研究和案例研究不同，本书全部用大数据说话，用事实说话。（4）与需求侧研究（如人口普查统计报告等）不同，本书从供给侧，即法人和个体工商户的角度统计分析广东省经济发展历史规律。（5）与关心营商环境和市场主体进入的研究不同，本书首次建构了区域市场主体的活跃度指数，涵盖企业进入、发展、创新与退出等维度，进一步描述了广东区域发展历史。

本书利用工商企业数据，通过对广东经济中的最重要主体

——企业进行多维度的分析。通过统计描述广东省市场主体的进入、生存、创新、发展与退出情况，首次梳理了有史以来广东省企业的发展周期，并构建区域市场主体活力指数，对比分析区域发展状态。本书最大的贡献在于用大数据记录广东经济、用经济分析描绘广东市场主体发展历史规律，试图为广大的政府部门决策制定者、经济学研究者以及企业一线实践者提供更多维度的参考决策指标、更系统的分析框架以及更完整的市场主体数据，希望对广东省乃至全国其他地区的经济健康持续发展有所裨益。

向每一位参与了广东省改革开放 40 年经济发展做出了贡献的人致敬。

目　录

引　言

创业篇

吸引外来投资篇

创新篇

发展篇

退出篇

广东省市场主体活跃度指数篇

图目录

表目录

引　言

广东全省 GDP 自 1978 年的 185.85 亿元，增加到 2017 年的 8.99 万亿元，年均增长 12.6%，连续 29 年位居全国第一，全省经济总量先后在 1998 年超越新加坡，2003 年超越中国香港地区，2007 年超越中国台湾地区，2017 年超过了俄罗斯。穿越 40 年的风雨历程，波澜壮阔的改革开放之花在南粤大地落地生根，结出丰硕果实，创造了举世瞩目的“广东奇迹”。

企业作为市场经济的重要主体，是市场经济活动的主要参加者，是社会生产和流通的直接承担者，更是推动社会经济技术进步的主要力量，企业的生产和经营活动，为广东省乃至全国的经济发展带来了生机与活力。2017 年数据显示，广东省注册企业数共约 591 万家，其中民营企业占全省市场主体比重超过 97%，占全省 GDP 的 54%，占税收的 56%。遗憾的是，自 2014 年商事制度改革以来，虽然企业注册数量日益增加，无论是政府还是学界，都缺乏对企业全面而系统的量化分析，仅是对企业注册给予了较高的关注，却忽略了企业注册之后的生存与发展问题。

从图 0－1 可以看出，总体上，企业注册数量增速的趋势与 GDP 增速的变化趋势具有较高的一致性，根据广东经济发展 40 年的阶段特征，可以分为四个阶段。

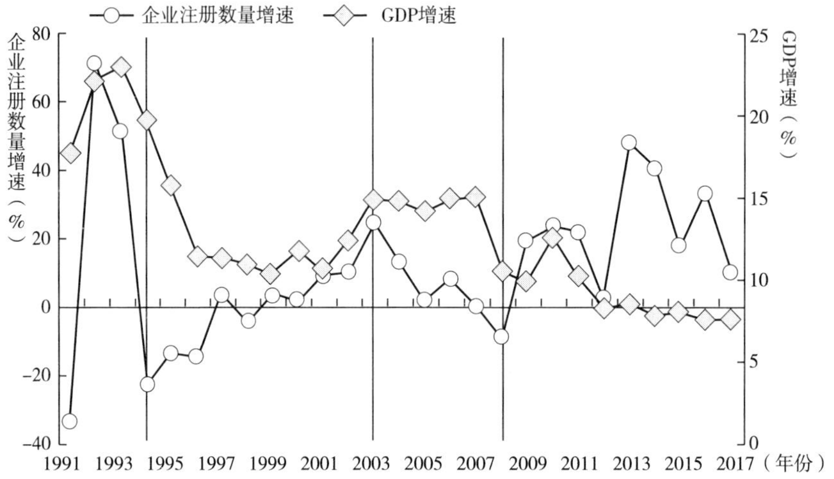

图 0-1　1991~2017 年广东省新注册企业数量增速与 GDP 增速变化

第一阶段为 1994 年以前，这一阶段内 GDP 增速和企业注册数量增速都呈现出先上升后下降的趋势，但企业注册数量增速的变化幅度更大，其中 1992 年邓小平"南方谈话"标志着广东经济改革进入新的阶段，经济增速和企业注册数量增速都明显较高。

第二阶段为 1994~2003 年，1994 年国务院批转国家体改委《关于 1994 年经济体制改革实施要点》，提出了转换国有企业经营机制，积极探索建立现代企业制度的有效途径；同时加快财税、金融、外贸、外汇体制改革，初步确立了新型宏观调控体系的基本构架，为市场注入了新的活力，这一阶段 GDP 增速稳中有升，企业注册数量增速更是显著提升。

第三阶段为 2004~2008 年，这一阶段内 GDP 增速保持在较高水平，随着美国次贷危机引发的全球金融危机的爆发，企业注册数量增速和 GDP 增速在 2007 年之后都急速下降。

第四阶段为 2008 年至今，为了应对金融危机以及国内经济结构转型对广东经济产生的影响，2008年广东提出“双转移”战略，将珠三角劳动密集型产业向东西两翼、粤北山区转移的同时，让东西两翼、粤北山区的劳动力，一方面向当地二、三产业转移，另一方面向发达的珠三角地区转移，由此带来了2008年之后GDP增速和企业注册数量增速的短期回升，由于全球经济格局和贸易摩擦的影响，此后GDP增速放缓，企业注册数量增速受到2012年商事制度改革的刺激，市场活力进一步释放，企业注册数量增速反而激增。由此可以看出，宏观经济制度环境对企业的生存与发展起到了至关重要的作用，同时，作为市场微观主体，企业的生存与发展又极大地影响了经济的走势。

鉴于此，本篇利用全国工商企业数据、国家知识产权局的专利数据、国家知识产权局商标局的商标数据等，对广东省工商企业的总体概况、不同时期、不同地级市及不同行业对广东省工商企业注册及注销情况、企业生存与发展现状以及全省市场活跃度水平进行了统计分析，也是对全书主要内容进行的概述与总结。

一 广东省工商企业概况

（一）全省层面工商企业概况

截止到2017年12月31日，广东省注册企业数共591.03万家，占全国总量的12.46%，存活企业数[①]为424.94万家。其中，

① 存活企业数，指1990~2017年，每年年末仍未退出的企业数量的累计总量。

民营注册企业393.50万家，存活企业302.81万家；国有注册企业18.72万家，存活企业3.61万家；外商注册企业24.66万家，存活企业12.94万家。

表0－1给出了广东省1990～2017年工商企业注册数量分布情况。整体上看，自1990年以来，广东省工商企业注册数量逐年递增，从1990年的累计注册企业存量的7.69万家上升至2017年的88.13万家，数量增长超过10倍，尤其是自2012年商事制度改革在广东省率先试点之后，企业注册数量增速显著提升，从2012年的24.49万家，以年均增长率29.19%的速度增长至2017年的88.13万家。这一变化规律从图0－2可以更为明显地看出。

表0－1　1990～2017年广东省工商企业注册数量分布表

单位：万家

年份	1990	1991	1992	1993	1994	1995	1996	1997	1998	1999
数量	7.69	5.13	8.79	13.25	10.25	8.85	7.55	7.81	7.48	7.74
年份	2000	2001	2002	2003	2004	2005	2006	2007	2008	2009
数量	7.90	8.61	9.47	11.77	13.27	13.48	14.60	14.61	13.26	15.82
年份	2010	2011	2012	2013	2014	2015	2016	2017		
数量	19.63	23.92	24.49	36.31	51.01	60.12	80.09	88.13		

注：1990年新注册企业数量为从1949年到1990年累计的注册企业数目存量。

为了更为清晰地表现出注册企业数量的增长情况，我们以1990年为基期，绘制了广东省新注册企业数量年增速变化趋势图，如图0－3所示。从图0－3可以看出，新注册企业数量年增速大致可以分为三个阶段：第一阶段为1990～2000年，这一时期的新注册企业数量年增速较为稳定，年增速保持在1.09左右；第二阶段为2001～2012年，这一时期的新注册企业数量年增速有小幅攀升，

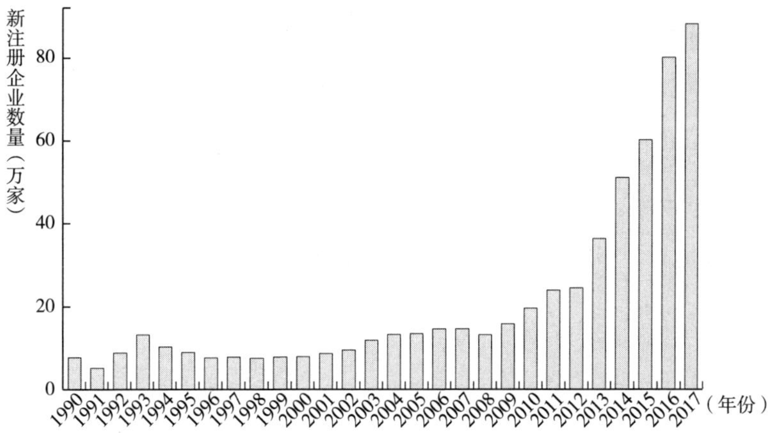

图 0-2 1990~2017 年广东省新注册企业数量变化趋势

年增速由 1.12 逐步上升至 3.19；第三阶段为 2013~2017 年，这一时期借助于商事制度改革，广东省营商环境显著改善，新注册企业数量激增，年增速由 2013 年的 4.72 上升至 2017 年的 11.47，平均增速达到 8.21，在短短 5 年时间里，实现了新注册企业数量的成倍增长。

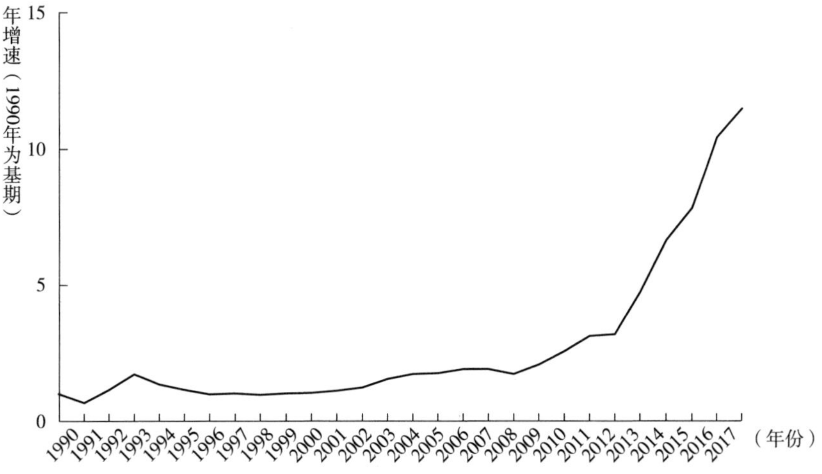

图 0-3 1990~2017 年广东省新注册企业数量年增速变化趋势

一方面，新增企业注册数量的增加反映了进入市场的企业数目不断增加，市场活力不断提升，市场竞争机制不断完善；另一方面，退出也是市场发挥决定作用的重要环节，如果失去了自由退出的有效机制，就不可能形成资源的优化配置，因此，我们对广东省1990～2017年工商企业注销数量进行了统计分析，其分布情况如表0－2所示。

表0－2 1990～2017年广东省工商企业注销数量分布

单位：万家

年份	1990	1991	1992	1993	1994	1995	1996	1997	1998	1999
数量	0.22	0.28	0.53	0.77	1.42	2.30	3.89	4.74	8.03	7.97
年份	2000	2001	2002	2003	2004	2005	2006	2007	2008	2009
数量	8.20	9.66	10.61	7.48	7.47	6.33	7.05	6.13	10.62	8.42
年份	2010	2011	2012	2013	2014	2015	2016	2017		
数量	7.98	7.09	7.76	9.19	6.81	6.40	8.72	16.40		

从表0－2可以看出，整体上，自1990年以来，广东省工商企业注销数量大致可以分为两个阶段：第一阶段为1990～1998年，这一时期的企业注销数量持续上升，由1990年的0.22万家上升至1998年的8.03万家；第二阶段为1999～2016年，这一时期的企业注销数量较为稳定，年均注销企业数量保持在8万家左右，尤其值得关注的是，在整个统计期间，2017年的注销企业数量最多，达到16.40万家。这一变化规律从图0－4可以更为明显地看出。

同样的，我们以1990年为基期，绘制了广东省注销企业数量年增速变化趋势图，如图0－5所示。从图0－5可以看出，注销企业数量年增速大致可以分为两个阶段：第一阶段为1990～1998年，这一时期的注销企业数量年增速不断上升，自1990年的基期上升

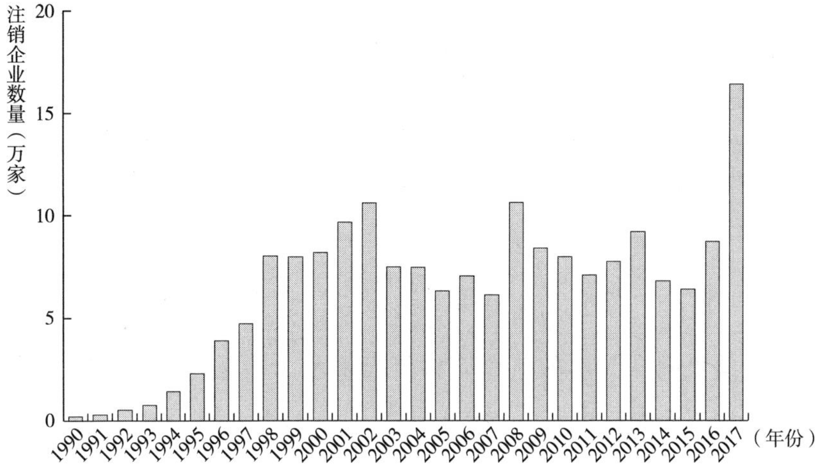

图 0－4　1990～2017 年广东省注销企业数量变化趋势

至 1998 年的 37.03；第二阶段为 1999～2016 年，这一时期的注销企业数量年增速较为稳定，平均增速为 36.86，而 2017 年，随着实体经济转型发展，广东省也面临着“增长速度换挡期、结构调整阵痛期、前期刺激政策消化期”三期叠加的经济发展新常态，注销企业数量激增，年增速达到 75.59。

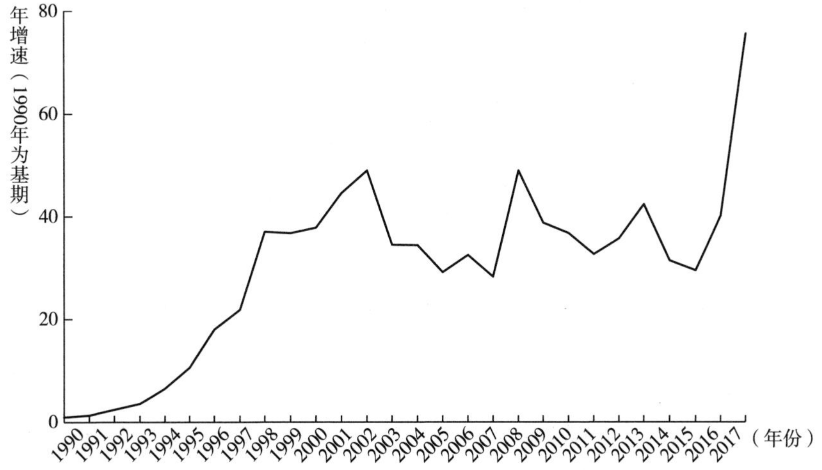

图 0－5　1990～2017 年广东省注销企业数量年增速变化趋势

（二）地市层面工商企业概况

广东省作为全国经济增长的排头兵，2017 年的人均 GDP 达到 81716 元，但其中珠三角地区为 103277 元，远超过广东省的平均水平，而粤东、粤西、粤北的人均 GDP 仅为 38614 元，甚至低于全国人均 GDP 的 59505 元，这足以说明珠三角地区与非珠三角地区经济发展差异巨大，商事制度改革为试点城市率先带来了市场活力，而这是否影响了广东省不同地区的企业存亡情况，成为本书关注的重点。

我们利用广东省 21 个地级市的年均新注册企业数目，绘制了图 0－6～图 0－10，对不同时间段广东省不同地区的新注册企业数目进行对比分析。

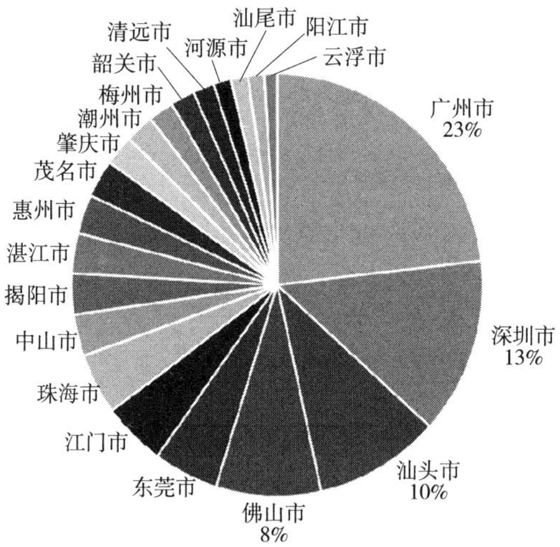

图 0－6　不同地级市新注册企业数均值占比（1990～2000 年）

从图 0－6 可以看出，1990～2000 年，广东省不同地区平均新注册企业数量占比差异较大，其中，广州市平均新注册企业数量占比最高，达到 23%，是排名第二的深圳市（13%）、第三汕头市

（10%）的占比总量之和，而排名前四位的广州、深圳、汕头和佛山的平均新注册企业数量占比总和达到54%，超过全省新注册企业数量的半数。

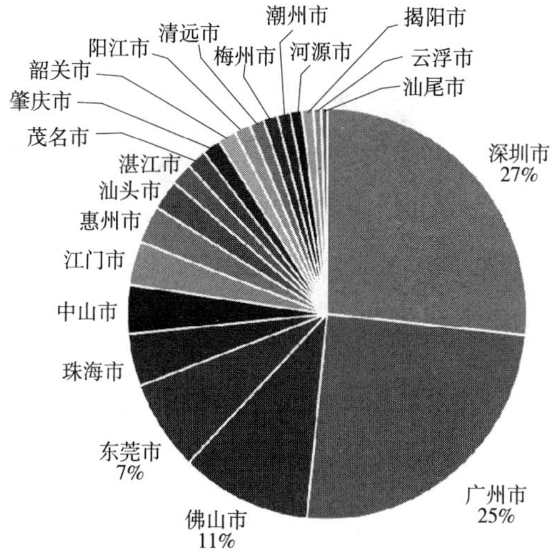

图 0－7　不同地级市新注册企业数均值占比（2001～2004 年）

从图 0－7 可以看出，2001～2004 年，广东省不同地区平均新注册企业数量占比差异较大，并且与 1990～2000 年相比有了很大的变化。其中，广东省新注册企业数量占比最高的城市为深圳市，达到 27%，较前期 1990～2000 年的占比提高 14%，而紧随其后的广州市平均新注册企业数量占比也达到了 25%，较前期提高了 2%，这两个城市的新注册企业数量占比总和达到 52%，即广东省超过半数的新注册企业选择了深圳和广州两市，而排名第三和第四的则依次为佛山市（11%）和东莞市（7%），这两市的新注册企业数量占比均较前期有了较大的提升，汕头市对企业的吸引力则明显减弱。

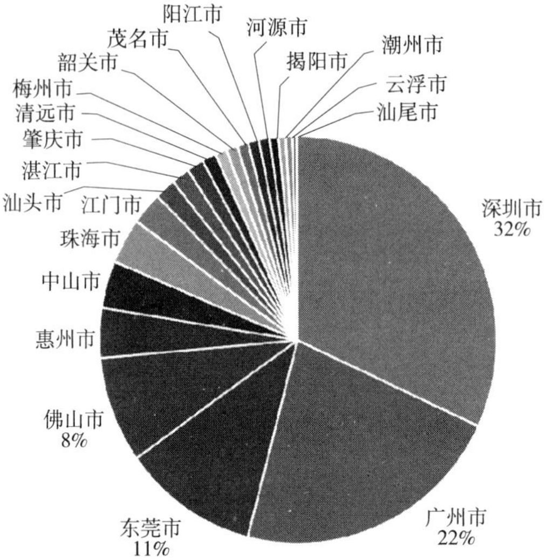

图 0-8　不同地级市新注册企业数均值占比（2005～2008 年）

从图 0-8 可以看出，2005～2008 年，广东省不同地区平均新注册企业数量占比的差异进一步扩大，深圳市和广州市依然位居全省新注册企业数量占比的首位，分别达到 32% 和 22%，位列第三和第四的分别为东莞市（11%）和佛山市（8%），虽然排名前四的城市对新注册企业依然保持前期的吸引力，但深圳市的优势显著增强，占比接近全省的 1/3，广州市和佛山市较前期新注册企业数量占比均有 3% 的下降，东莞市有小幅上升。

从图 0-9 可以看出，2009～2012 年与 2004～2008 年的情况基本相似，排名前三的深圳市、广州市和东莞市的新注册企业数量占比与前一阶段保持一致，仅有佛山市的新注册企业数量占比下降至 7%，但排名前四位的城市平均新注册企业数量占比依然超过 2/3，总和达到 72%。

从图 0-10 可以看出，2013～2017 年，广东省不同地区平均

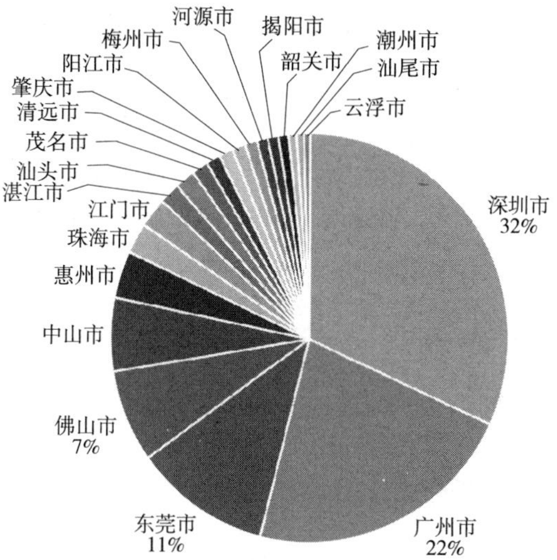

图 0-9 不同地级市新注册企业数均值占比（2009~2012 年）

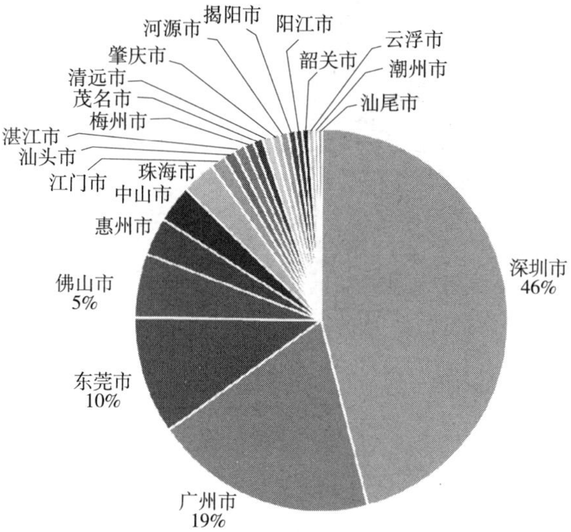

图 0-10 不同地级市新注册企业数均值占比（2013~2017 年）

新注册企业数量占比差异进一步显著扩大，仅在排名前四位的城市中差距就已经显著拉开。排名第一的深圳市，新注册企业数量占比达到46%，接近全省平均新注册企业数量占比的1/2，甚至超过排名第二、三、四位的广州市（19%）、东莞市（10%）和佛山市（5%）的总和，而这三个城市的新注册企业数量占比较前期有较为显著的下降趋势，同时，排名前四位的城市新注册企业数量占比达到80%，占全省总量的4/5，以深圳为首的珠三角核心城市对新注册企业的吸引力远远高于其他地区。

此外，根据广东省21个地级市的年均注销企业数目，绘制了图0－11～图0－15，对不同时间段广东省不同地区的注销企业数均值进行对比分析。

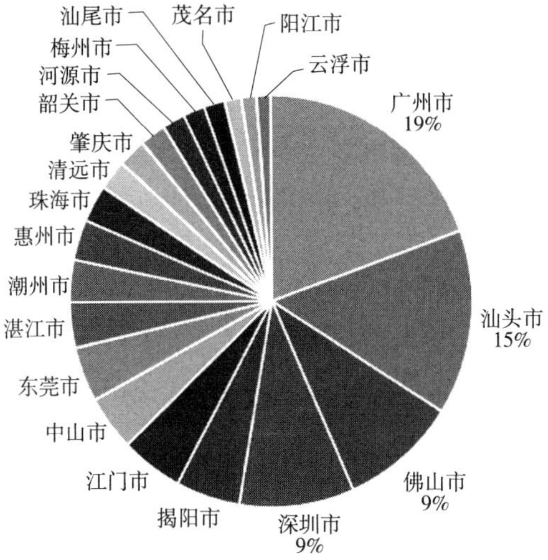

图0－11　不同地级市注销企业数均值占比（1990～2000年）

从图0－11可以看出，1990～2000年，广东省不同地级市的企业数均值占比差异较大，在这一阶段，广州市的注销企业数均值占比最大，达到19%，其次为汕头市，占15%，深圳市和佛山市注销企业数均值占比相同，达到9%，排在第三位。进一步分析可知，前四位城市的企业注销数均值占比之和达到52%，即仅仅这四个城市的占比就已经超过了全省的1/2，其余17个市企业注销数均值占比之和为48%。

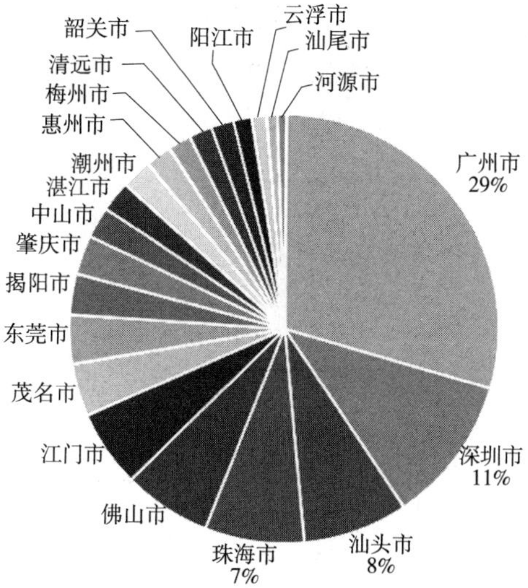

图0-12　不同地级市注销企业数均值占比（2001~2004年）

从图0-12可以看出，2001~2004年，广东省不同地级市企业注销数均值占比最大的是广州市，占比为29%，且广州市注销企业数均值占比远远超出第二名深圳市，深圳市占比为11%，其后为汕头市和珠海市，其注销企业数均值占比分别为8%、7%。

从图0-13可以看出，2005~2008年，广东省不同地级市注销企业数均值占比的差异进一步扩大，广州市依然位居全省注销企业数均值占比的首位，其比例与2001~2004年占比相同，达到29%，且深圳市在这一阶段的占比显著扩大，达到了23%。排在第三位的是东莞市，占比为9%，从1990年到2008年，东莞市第一次踏入注销企业数均值占比排名的前四位。佛山市注销企业数均值占比为7%，排在第四位。

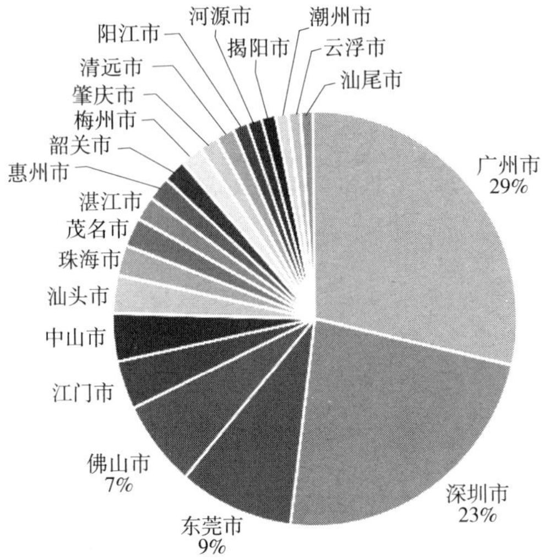

图 0－13　不同地级市注销企业数均值占比（2005～2008 年）

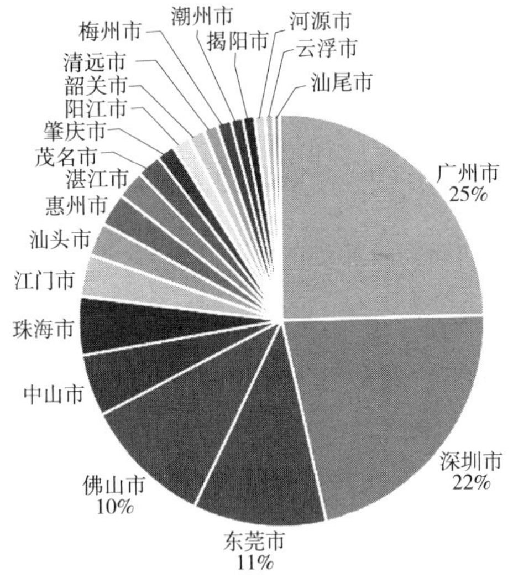

图 0－14　不同地级市注销企业数均值占比（2009～2012 年）

从图 0－14 可以看出，2009～2012 年与 2004～2008 年的不同地级市注销企业数均值占比情况基本相似，前四位排名没有发生变化，依旧是广州市、深圳市、东莞市、佛山市，占比分别为

25%、22%、11%、10%。且这一阶段前四名城市占比之和也与2005～2008年相同，均为68%。

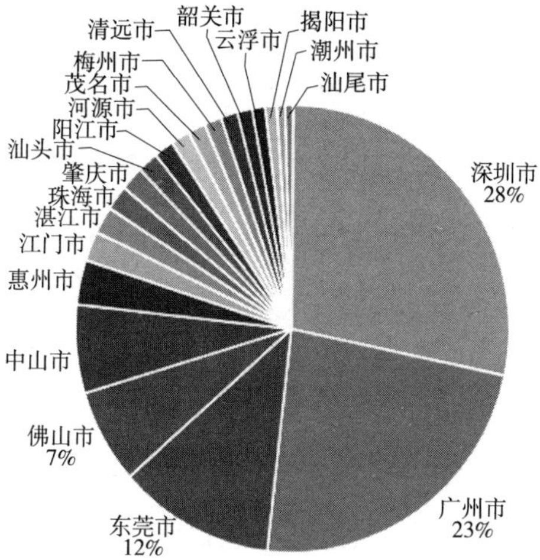

图0－15　不同地级市注销企业数均值占比（2013～2017年）

从图0－15可以看出，2013～2017年，深圳市超过广州市成为注销企业数均值占比最高的城市，占比为28%，广州市排在了第二位，占比为23%，东莞市依旧排在第三位，占比为12%，相比于2009～2012年其注销企业数均值占比没有发生显著变化，佛山市排第四，占比为7%。进一步分析可以发现，在这一阶段排在前四位的城市，其注销企业数均值占比之和已经达到全省的70%。

（三）行业层面工商企业概况

为了进一步分析广东省产业结构升级情况，根据不同时间段不同行业新注册企业数量的变化，得到不同行业不同时间段新注册企业数占比情况，如表0－3所示，并据此绘制了如图0－16所示的不同时间段不同行业新注册企业数量占比堆积图。

表 0-3 不同行业不同时间阶段新注册企业数占比

%

类型	1990~2000年	2001~2004年	2005~2008年	2009~2012年	2013~2017年
农、林、牧、渔业	2.03	1.16	0.78	1.02	0.86
采矿业	0.54	0.21	0.30	0.10	0.08
制造业	26.98	27.19	24.01	19.98	11.25
电力、热力、燃气及水生产和供应业	0.60	0.92	0.48	0.32	0.22
建筑业	2.99	2.69	3.50	3.90	4.24
批发和零售业	42.16	36.95	34.05	38.61	41.99
交通运输、仓储和邮政业	2.10	2.74	2.93	2.48	2.07
住宿和餐饮业	2.42	1.55	1.59	1.57	2.02
信息传输、软件和信息技术服务业	4.11	5.23	3.83	2.59	5.67
金融业	2.19	1.07	1.57	0.85	1.66
房地产业	2.11	3.29	4.88	3.92	2.49
租赁和商务服务业	5.53	10.21	12.73	13.06	14.12
科学研究和技术服务业	1.63	2.81	5.33	7.98	6.47
水利、环境和公共设施管理业	1.87	1.57	1.34	1.09	1.37
居民服务、修理和其他服务业	1.57	1.78	1.95	1.59	3.07
教育	0.04	0.03	0.03	0.05	0.18
卫生和社会工作	0.03	0.03	0.01	0.01	0.03
文化、体育和娱乐业	1.08	0.59	0.69	0.88	2.23

从表0-3可以看出，在所有时间段中，广东省新注册企业数量占比最多的行业均为批发和零售业，整体平均占比38.75%，批发和零售业作为社会化大生产过程中的重要环节，是决定经济运行速度、质量和效益的引导性力量，也是市场化程度最高、竞争最为激烈的行业之一，广东省的批发和零售业注册企业数量占比较高，这从侧面反映出广东省服务业乃至整个产业的市场化程度

较高。随着时间的推移，广东省制造业与租赁和商务服务业呈现出较为显著的变化，其中，制造业新注册企业数量占比不断下降，从1990~2000年的26.98%下降至2013~2017年的11.25%，下降了15.73个百分点，而租赁和商务服务业新注册企业数量占比不断上升，从1990~2000年的5.53%上升至2013~2017年的14.12%，上升了8.59个百分点。

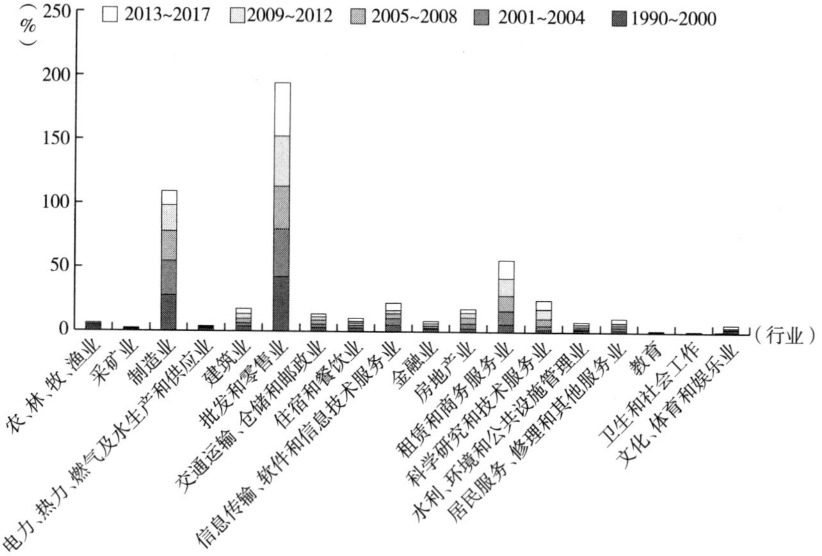

图 0-16　不同时间段不同行业新注册企业数量占比

从图0-16可以看出，除批发和零售业、制造业以及租赁和商务服务业以外，其他行业的新注册企业数量占比均较低，尤其是采矿业、电力、热力、燃气及水生产和供应业、教育、卫生和社会工作等行业，其在前后时间段内的新注册企业数量占比均小于1%。从整体的产业结构看，广东省农业新注册企业数量占比较为稳定，保持在1%左右，而制造业占比不断下降，服务业占比不断提升，产业结构逐渐向服务业转移。

表 0－4　不同行业不同时间阶段注销企业数占比

%

类型	1990～2000年	2001～2004年	2005～2008年	2009～2012年	2013～2017年
农、林、牧、渔业	2.75	1.98	1.46	1.03	1.03
采矿业	0.73	0.61	0.34	0.24	0.18
制造业	29.07	22.15	23.34	23.32	17.99
电力、热力、燃气及水生产和供应业	0.25	0.60	0.65	0.45	0.29
建筑业	2.34	2.77	2.75	3.56	3.87
批发和零售业	44.26	49.09	40.99	36.83	38.82
交通运输、仓储和邮政业	1.64	1.97	2.57	2.45	2.30
住宿和餐饮业	5.99	3.60	2.42	2.66	2.29
信息传输、软件和信息技术服务业	1.89	3.44	3.40	3.19	3.96
金融业	0.81	1.62	1.47	1.40	0.73
房地产业	1.51	1.52	3.05	4.33	3.19
租赁和商务服务业	3.34	4.00	11.09	12.11	14.89
科学研究和技术服务业	1.10	1.36	2.26	4.13	5.54
水利、环境和公共设施管理业	0.22	0.23	0.30	0.31	0.29
居民服务、修理和其他服务业	2.74	3.82	2.88	3.09	3.03
教育	0.07	0.09	0.19	0.19	0.31
卫生和社会工作	0.06	0.06	0.04	0.04	0.08
文化、体育和娱乐业	1.22	1.11	0.71	0.69	1.20

从表 0－4 可以看出，与全行业企业注册情况相似，在所有时间段中，广东省注销企业数量占比最多的行业均为批发和零售业，整体平均占比为 41.99%，其次为制造业，整体平均占比为 23.17%。对比全行业，变化较为显著的是租赁和商务服务业，租赁和商务服务业企业注销数量占比逐年上升，且 2005～2008 年这

一阶段较2001～2004年比例上升非常明显，从4%快速上升到11.09%，上升了7.09个百分点。分别来看各行业整体的变化趋势可知，农、林、牧、渔业和采矿业注销企业数占比逐渐稳步下降，而科学研究和技术服务业占比逐渐稳步上升，相对而言，变化不显著的行业为教育业、卫生和社会工作业。

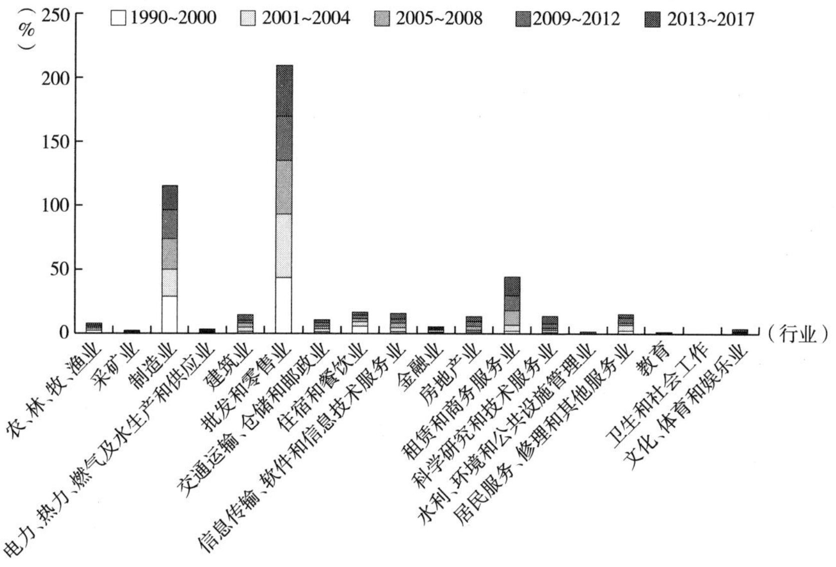

图0－17　不同时间段不同行业注销企业数量占比

从图0－17可以看出，与新注册企业数量占比一致，除批发和零售业、制造业以及租赁和商务服务业以外，其他行业的注销企业数量占比均较低，尤其是采矿业、电力、热力、燃气及水生产和供应业、教育业、卫生和社会工作业等行业占比非常低，与新注册企业行业占比不同的是，全行业注销企业数量占比中，水利、环境和公共设施管理业占比也极低。

二　广东省工商企业生命周期分布

广东省新注册数量企业不断提升的同时，企业退出率也在不断提升，那么广东省企业的生存和发展状况究竟如何，这需要通过企业存活时间和企业存活质量（即是否依靠创新更好地创造企业价值）来衡量。

从企业平均存活时间总体来看，广东省第二产业的企业平均存活时间最长，企业平均存活时间为4年左右，而第三产业的企业平均存活时间最短，企业平均存活时间为2年左右。

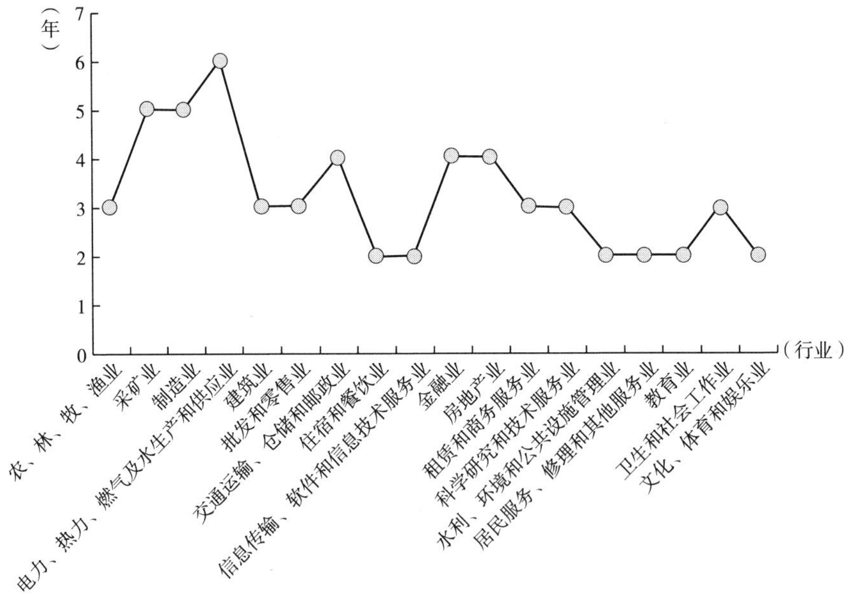

图0－18　1990～2017年企业存活时间分行业对比

随着存活时间的增加，企业数量逐渐减少，且不同行业的企业存活时间差异较大。从图 0－18 企业平均存活时间分行业分布对比可以看出，第二产业中除建筑业以外，其他行业的企业存活时间平均达到 5 年，尤其是电力、热力、燃气及水生产和供应业的企业平均存活时间达到 6 年，相比较而言，住宿和餐饮业、信息传输、软件和信息技术服务业、水利、环境和公共设施管理业、教育业、文化、体育和娱乐业、居民服务、修理和其他服务业的平均存活时间最短，仅有 2 年。

图 0－19　1990～2017 年企业平均存活时间分地区对比

从图 0－19 的不同地区企业平均存活时间对比可以看出，广州、深圳、东莞的企业竞争压力更大，平均企业存活时间更短，而汕头、潮州、湛江、清远等地的企业平均存活时间更长。其中，汕头企业的平均存活时间最久，达到 6 年，而广州、深圳、珠海、梅州、河源、东莞的企业平均存活时间最短，仅为 3 年。计算得到，广东省珠三角地区的企业平均存活时间为 3. 78 年，而非珠三角地区的企业平均存活时间为 4. 42 年。

从专利数和注册商标数这两个指标，对广东省企业创新情况的产业分布、行业分布以及地区分布特征进行分析，可以发现，广东省第二产业专利数占据了广东省专利数的绝大部分，年均份额达到78.25%，是广东省创新的支柱产业，第三产业的专利数也在不断上升，截至2017年新增专利份额已经达到43.04%。同时，从注册商标数看，第三产业正在逐步取代第二产业，成为注册商标数产业份额占比最高的产业，截至2017年，第三产业新增注册商标份额达到80.04%。

从细分行业创新水平的变化趋势看，制造业新增专利数量显著下降，服务业相关行业的新增专利数量占比显著上升，同时，制造业、批发和零售业的新增注册商标数量占比在各时期均较高，且在不同时间的波动较大，而它们分别又是影响第二产业和第三产业新增注册商标数量变动的最重要因素，而其他行业的新增注册商标数量占比较低，且变化较为平稳，可以看出创新主导产业已经由第二产业转移至第三产业，较好地实现了产业转型升级。

从不同地区创新水平的变化趋势看，广东省城市间创新能力的两极分化较为严重，韶关市和梅州市均在近三年来出现了新增专利数量大幅减少的情况，汕头市、肇庆市、汕尾市、潮州市和揭阳市经历了3年左右的注册商标数量的持续下降，这显示出创新能力后劲不足的态势，而深圳市、广州市、东莞市、佛山市、珠海市、中山市则是广东省创新的主力城市。

三　广东省市场活跃度概述

为了评估广东省各地级市市场主体（企业）的发展动力和潜

力，本书基于企业新建与退出、企业存活时长、专利授权数、商标批准数四个维度构建了评估指标体系框架，即市场主体活跃度指数，从企业的角度，对广东省的市场活跃程度进行综合评估，反映广东省 21 个地级市（含 2 个副省级市）每年的市场发展情况，测算得到广东省各地级市市场主体活跃度指数统计指标，如表 0 – 5 所示。

从表 0 – 5 可以看出，截至 2017 年年底，市场主体活跃度排名第一的为深圳市，第二名为广州市，但这两者之间市场主体活跃度指数相差不大，遥遥领先后面的 19 个区域。且珠三角 9 个地区的指数均值为正，其余非珠三角地区的活跃度指数均值为负。排名最靠后的为云浮市、河源市和阳江市，表明这些城市的市场主体活跃度较低。整体市场主体活跃度和实际情况比较相符。

表 0 – 5 广东省各地级市市场主体活跃度指数统计关键值（截至 2017 年年底）

城市	平均值	标准差	最小值	最大值	中位数
深圳市	12.14	2.21	5.59	13.88	13.33
广州市	11.33	1.52	9.6	15.6	10.82
佛山市	7.06	1.27	2.93	8.71	7.25
东莞市	5.59	2.4	0.34	8.62	5.65
珠海市	3.65	1.18	0.2	5.91	3.89
中山市	3.4	1.61	–0.8	5.67	3.73
汕头市	2.62	2.14	–1.7	6.7	2.74
江门市	2.05	1.05	0.3	4.74	1.91
惠州市	1.85	1.68	–2.38	3.57	2.45
湛江市	–1.75	1.75	–5.12	3.13	–1.94
汕尾市	–2.18	2.33	–6.61	1.31	–1.9
肇庆市	–2.37	0.93	–4.54	–0.28	–2.23
潮州市	–3	2.14	–7.05	1.21	–3.23

续表

城市	平均值	标准差	最小值	最大值	中位数
揭阳市	-3.38	1.46	-5.92	-0.98	-3.2
茂名市	-3.79	2.25	-8.34	0.71	-3.9
梅州市	-4.2	1.48	-6.79	0.4	-4.3
韶关市	-4.85	1.35	-7.29	-1.41	-5.15
清远市	-4.86	1.36	-6.76	-2.15	-5.08
阳江市	-5.35	1.06	-7.43	-3.48	-5.36
河源市	-6.61	1.44	-8.94	-3.91	-6.82
云浮市	-7.38	1.26	-10.19	-5.22	-7.07

四　主要指标说明

（一）新注册企业

新企业的进入是一个地区市场经济活力和创业行为活跃程度的重要表征。2014 年 9 月，在夏季达沃斯论坛上李克强总理提出了“万众创业”口号，为激发创新潜力和市场活力、扩大就业发挥了积极作用。

本书使用“新注册企业数量”指标，衡量某一年新注册成立的企业数，按照企业成立的年份进行统计。

本书使用“注册企业数量”指标，衡量 1990 年至统计年份期间所有注册企业累计总数。例如：2017 年注册企业数量为 1990 ~ 2017 年所有注册企业总数。

本书使用“产业新注册企业份额”指标，衡量某一年某一产业的新注册企业数量占新注册企业总量的比重。例如：2017 年第一产业新注册企业份额 =2017 年第一产业的新企业注册数量/2017

年新注册企业数量总和。

本书使用“行业新注册企业占比”指标，衡量某一年某一行业的新注册企业数量占新注册企业总数的比重。例如：2017 年制造业新注册企业占比 = 2017 年制造业的新企业注册数量/2017 年新注册企业数量总和。

（二）吸引外来投资

只有具有创新创业活力的地区才能获得更多的外来投资，在吸引外来投资方面的绩效反映了该地区经济创新创业的相对活力。根据投资主体性质的不同，可以将外来投资区分为外来法人投资和外来自然人投资。这两种外来投资反映了该地区吸引外来投资创业的两个不同侧面。法人投资体现了当地投资环境能否吸引比较成熟的产业资本对当地进行投资和产业转移，而外来自然人的投资体现的是当地是否具备吸引全国其他地区的人才在当地进行创业活动的综合环境（包括自然、人文、社会和经济等环境）[①]。

本书通过实施投资行为的企业法人注册或自然人所在地来判断，对所研究地区而言，是否属于外来投资。例如，对于广州市一家企业而言，若对其实施投资的企业法人注册地在广东省其他地级市或其他省、自治区、直辖市，这笔投资对于广州市而言算是吸引外来法人投资。

本书使用“吸引外来投资笔数”指标，衡量本地区企业某一年获得外来法人或自然人投资的笔数总和。

① 张晓波、李钰、杨奇明：《中国区域创新创业报告》，北京大学出版社，2016。

本书使用“吸引外来投资产业份额”指标，衡量某一年份某一产业所有企业吸引外来投资笔数总和/该地区所有企业吸引外来投资笔数总和。例如：2017 年第一产业吸引外来投资份额 = 2017 年第一产业企业吸引外来投资笔数总和/所有企业吸引外来投资笔数总和。

本书使用“吸引外来投资笔数行业占比”指标，衡量某一年份某一行业所有企业吸引外来投资笔数总和/该地区所有企业吸引外来投资笔数总和。例如：2017 年制造业吸引外来投资笔数占比 = 2017 年制造业的吸引外来投资笔数/所有企业吸引外来投资笔数总和。

需要说明的是，由于缺乏可靠的微观数据，本维度目前仅考虑国内工商企业法人股权投资和中国居民在国内的跨地区投资。

（三）吸引风险投资

近几年来风起云涌的风险投资对象总是各行各业最具潜力的创新创业活动，一个地区获得一笔风险投资，往往对应着该地区新增一项前沿的创业和创新活动。因此，吸引风险投资是反映这个地区当前创新创业活跃程度的重要维度。

本书将全国风险投资（包括风险投资，venture capital，VC；私募股权投资，private equity，PE：下文常简称二者为" VCPE"）公司所进行的股权投资活动定义为风险投资。VCPE 公司的名单由龙信数据公司的研究团队收集，通过在企业大数据平台中识别 VCPE 企业的股权投资活动，列出一份完整的全国获得风险投资的企业名单以及每一笔股权投资的金额[①]。

① 张晓波、李钰、杨奇明：《中国区域创新创业报告》，北京大学出版社，2016。

本书使用“风险投资数”指标，衡量某一年某一地区获得的风险投资笔数。

本书使用“风险投资产业份额”指标，衡量某一年份某一产业所有企业吸引风险投资笔数总和/该地区所有企业吸引风险投资笔数总和。例如：2017 年第一产业吸引风险投资份额 = 2017 年第一产业企业吸引风险投资笔数总和/所有企业吸引风险投资笔数总和。

本书使用“风险投资笔数行业占比”指标，衡量某一年份某一行业所有企业吸引风险投资笔数总和/该地区所有企业吸引风险投资笔数总和。例如：2017 年制造业吸引风险投资笔数占比 = 2017 年制造业的吸引风险投资笔数/所有企业吸引风险投资笔数总和。

（四）专利授权

专利授权数量是最常用的创新绩效度量指标。根据《中华人民共和国专利法》，专利可以分为发明专利、实用新型专利和外观设计专利。考虑到它们的“含金量”各有不同，因此将这三类专利在专利维度中的相对权重依次设定为 5∶3∶2，将全国专利数据与企业数据进行融合，依据企业数据中的企业注册地信息和所述行业信息，按照授权年份和专利类型加总到产业、行业或地区层面。

本书使用“专利数量”指标，衡量每年公开发布的专利数量，即按照年份统计每一年新增专利数量。

本书使用“产业新增专利份额”指标，衡量某一年份某一产业新增专利数占三大产业新增专利总数比重。例如：2017 年第一产业新增专利份额 =2017 年第一产业企业新增专利数量总和/所有企业新增专利数量总和。

本书使用“行业新增专利占比”指标，衡量某一年份某一行业新增专利数占全部行业专利总数量比重。例如：2017 年制造业新增专利占比 =2017 年制造业企业新增专利数量总和/所有企业新增专利数量总和。

需要说明的是，对于实用新型和外观设计专利，公开发布即可被视为获得授权。

（五）商标注册

根据《中华人民共和国商标法》，注册商标是指经商标管理机构依法核准注册的商标。商标的注册需具备法定条件和经法定程序，并且商标一经注册便获得使用注册商标的专有权和排斥他人在同一种商品或者类似商品上使用与其注册商标相同或者近似的商标的禁止权。因此，注册商标是除授权专利之外的衡量创新产出的另一个重要指标。按照商标注册时间对不同年份、不同地区、不同行业的商标注册数进行分类统计，可以反映出该地区企业在产品质量方面的创新绩效。

本书使用“注册商标数”指标，衡量每年的新增注册商标总数。

本书使用“新增注册商标产业份额”指标，衡量某一年份某一产业新增注册商标数占三大产业新增注册商标总数比重。例如：2017 年第一产业新增注册商标份额 =2017 年第一产业企业新增注册商标数量总和/所有企业新增注册商标数量总和。

本书使用“行业新增注册商标占比”指标，衡量某一年份某一行业新增注册商标数占全部行业新增商标总数比重。例如：2017年制造业新增注册商标占比 = 2017 年制造业企业新增注册商标数量总和/所有企业新增注册商标数量总和。

（六）企业存活时间

改革开放 40 多年来，那些曾经辉煌的企业倒在前进的路上的案例比比皆是，如何打破“企业平均存活时间短”的魔咒，成为亟待解决的问题。而对广东省企业的生存现状进行详细的梳理，有助于更好地总结广东企业发展的经验与不足。

本书使用“企业存活时间”指标，衡量企业在工商部门登记注册成立至统计时点的存续时间，即企业年龄。例如：2017 年，某家存活企业在 2015 年成立，那么这家企业生存时间为 3 年。再比如，2017 年，某家企业在 2017 年 1 月 20 日成立，但同年 7 月 5 日死亡，则存活时间为 1 年以内。

本书使用“存活企业数”指标，衡量每年年末所有未注销企业的总数。例如：2017 年存活企业数为截止到 2017 年年底，所有未注销企业的总数。

（七）注销企业

市场主体退出是指企业由于特定原因退出目标市场，注销登记，这是市场竞争机制和行政监管的必然结果，完善的退出机制有助于增强市场活力。

本书使用“注销企业数量”指标，衡量某一年登记注销的企业数。

本书使用“当年退出率”指标，衡量某一年某一行业（或某一地区）注销企业数量与当年累计存续企业数量之比。当年累计存续企业数量的定义以1949年为基期，计算自1949年起至统计当年，存续企业数量的累计汇总。例如：1991年的累计当年存续企业数量为1949~1991年存续企业数量的累计和，当年存续企业为当年新注册企业数量与当年注销企业数量之差。

五 主要数据说明

（一）产业与行业划分标准

本书涉及的产业与行业划分标准按照2011年修订的《国民经济行业分类》，将所有企业分别划入20个行业门类，并分别归类为第一产业、第二产业和第三产业。即：第一产业包括“农、林、牧、渔业”，第二产业包括“采矿业”“制造业”“电力、热力、燃气及水生产和供应业”和“建筑业”，第三产业包括“交通运输、仓储和邮政业”“教育”“金融业”“居民服务、修理和其他服务业”“科学研究和技术服务业”“批发和零售业”“水利、环保和公共设施管理业”“卫生和社会工作”“文化、体育和娱乐业”“信息传输、软件和信息技术服务业”“制造业”“住宿和餐饮业”以及“租赁和商务服务业”。

（二）数据来源

本书宏观数据主要来源于历年《中国统计年鉴》《广东统计年鉴》以及各地市统计年鉴、相关政府报告等，力求从宏观层面把握经济发展与企业生存的脉络与变化趋势。

本书微观数据主要来源于企研数据平台，涵盖了企业基本信息、企业专利信息以及企业商标信息，整合了由国家工商行政管理总局经济信息中心、国家市场监督管理总局登记注册局、国家知识产权局商标局、国家知识产权局的专利数据等所提供的原始数据，以期通过对企业“全量”数据进行多维度的跨界分析。

创业篇

2014 年 9 月，在夏季达沃斯论坛上，李克强总理提出，要在 960 万平方公里土地上掀起“大众创业”“草根创业”的新浪潮，形成“万众创新”“人人创新”的新势态。2018 年 9 月 18 日，国务院下发《关于推动创新创业高质量发展打造“双创”升级版的意见》。创业，为激发创新潜力和市场活力、扩大就业发挥了积极作用。

40 多年的改革开放，广东敢为天下先，创造了举世瞩目的发展奇迹，在中国发展史上写下了一个又一个的“第一”。仅创业这一项就包括：全省企业和个体工商户总量超过 1000 万户，位列全国第一；国家级高新技术企业增加到 3 万家，位列全国第一；等等。这足以说明广东省不但创业有数量、有质量，更加说明广东省依靠良好的市场营商环境，营造了市场创业活力的优质氛围。然而，在全省数据喜人的结果之下，我们更应当关注不同时期创业变化、不同产业和不同地区之间的创业形势差异。因此，本篇主要通过对广东省创业企业的产业分布特征及演变趋势、行业分布特征及演变趋势以及区域分布特征及演变趋势进行逐一分析，更好地总结广东创新创业之路的经验与不足。

一　广东省创业企业的产业分布特征及演变趋势

本篇首先对1990～2017年广东省第一、第二、第三产业新注册企业数量的变化趋势进行分析。

图1－1展示了广东省1990～2017年第一产业新注册企业数量的变化情况。可以看出，1990～2006年，新注册企业数量较为平稳地保持在1500.71家，而在2007～2013年，新注册企业数量呈现显著增加趋势，年均增长率达到44.89%，到2013年达到了自1990年以来的高峰，新注册企业数量达到14056家，随后在2014～2017年稍有下降，并维持在11159.25家左右。

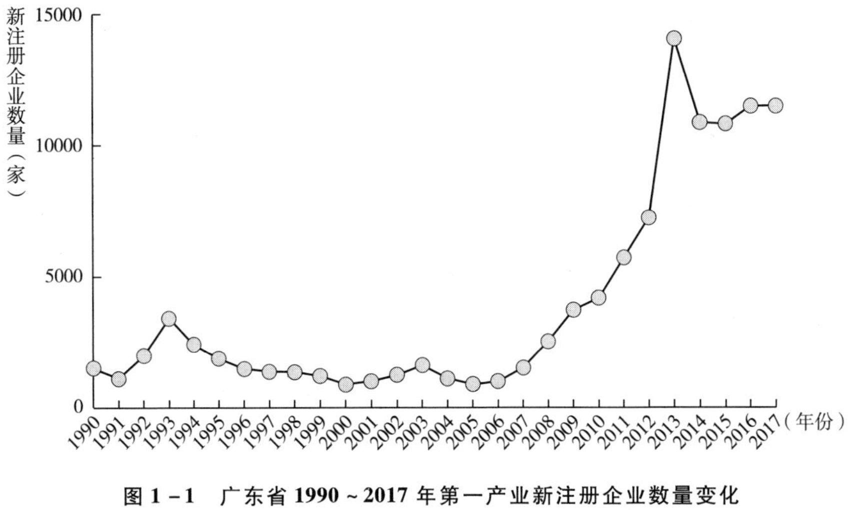

图1－1　广东省1990～2017年第一产业新注册企业数量变化

图1－2揭示了广东省1990～2017年第二产业新注册企业数量的变化情况。可以看出，1990～2008年，新注册企业数量较为平稳地保持在30282.47家左右，而在2009～2017年，新注册企业数

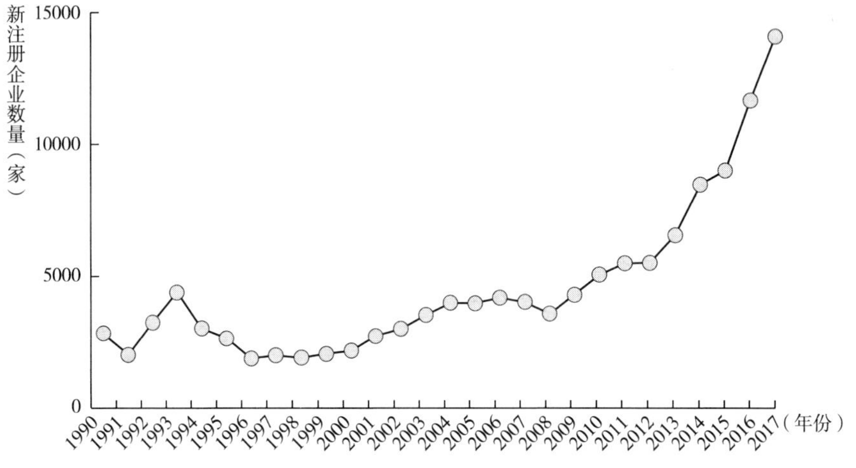

图 1－2　广东省 1990～2017 年第二产业新注册企业数量变化

量呈现稳步增加趋势，到 2017 年达到了自 1990 年以来的高峰，新注册企业数量达到 141199 家，自 2012 年以来，新注册企业数量的增长率也逐年提高，2012～2017 年第二产业新注册企业数的平均增长率达到 20.64%。

图 1－3 揭示了广东省 1990～2017 年第三产业新注册企业数量的变化情况。可以看出，1990～2008 年，新注册企业数量较为平稳地保持在 68660.68 家左右，而在 2009～2017 年，新注册企业数量呈现稳步增加趋势，到 2017 年达到了自 1990 年以来的高峰，新注册企业数量达到 736818 家，尤其自 2012 年以来，新注册企业数量的增长率显著提高，年均增长率达到 31.48%。

图 1－4 展示了广东省 1990～2017 年三次产业新注册企业数量占新注册企业总量的比重（以下简称“新注册企业份额”）的变化情况，从图 1－4 中可以看出：

（1）整体上，自 1990 年以来，第一产业新注册企业份额一直

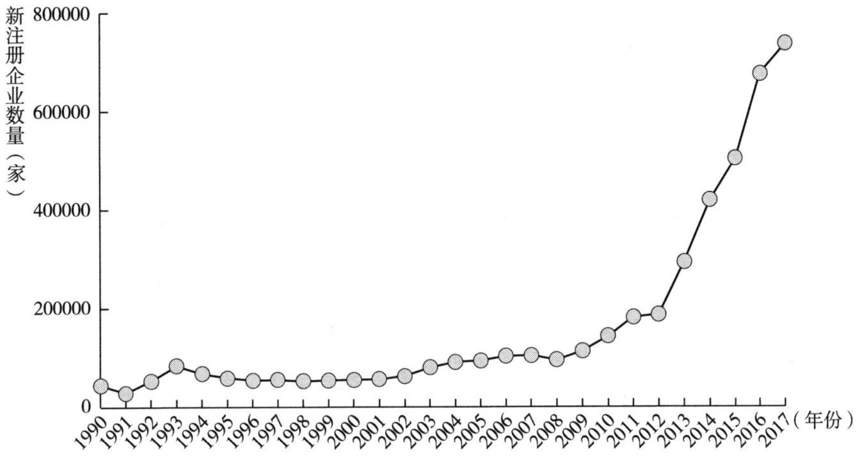

图 1－3　广东省 1990～2017 年第三产业新注册企业数量变化

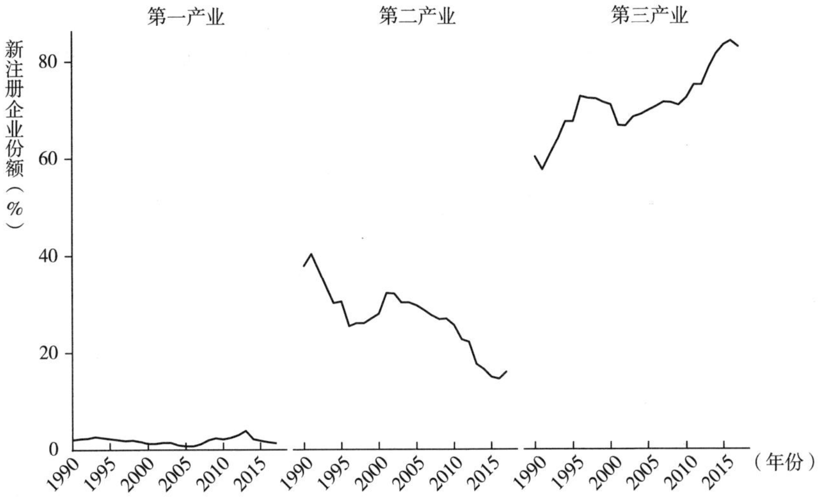

图 1－4　1990～2017 年三次产业新注册企业份额变化

较低，年均新注册企业份额仅为 1.82%，其中，仅有 2013 年第一产业新注册企业份额较高，达到 3.75%，随后虽然小幅回落，但 2012 年之后第一产业新注册企业份额年均值达到 2.21%，较 1990～

2011 年的平均值增长了 0.5 个百分点。

（2）自 1990 年以来，第二产业新注册企业份额的波动下降趋势明显，自 1990 年的 37.85% 下降至 2017 年的 15.87%，年均下降了 0.81 个百分点。

（3）总体而言，第三产业新注册企业份额一直是三大产业中占比最高的，平均份额达到 71.23%。自 1990 年以来，第三产业新注册企业份额的变化趋势与第二产业相反，呈现出波动上升的趋势，自 1990 年的 60.14% 上升至 2017 年的 82.83%，年均提高了 0.84 个百分点。尤其是自 2002 年 66.64% 之后，上升趋势更加显著，新注册企业份额的年均增长率达到 1.46%。

二　广东省创业企业的行业分布特征及演变趋势

为了更为清晰地分析各产业内结构变化，尤其是制造业和服务业内部的演变特征，我们绘制了广东省 1990 ~ 2017 年各行业新注册企业数量占新注册企业总数比重（以下简称“新注册企业行业占比”）的变化情况，如图 1 – 5 所示。

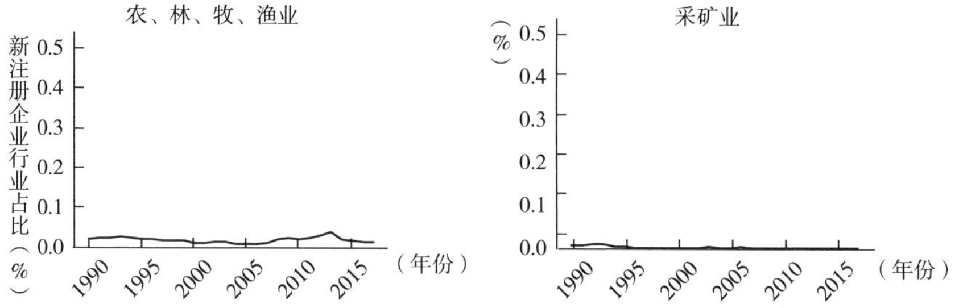

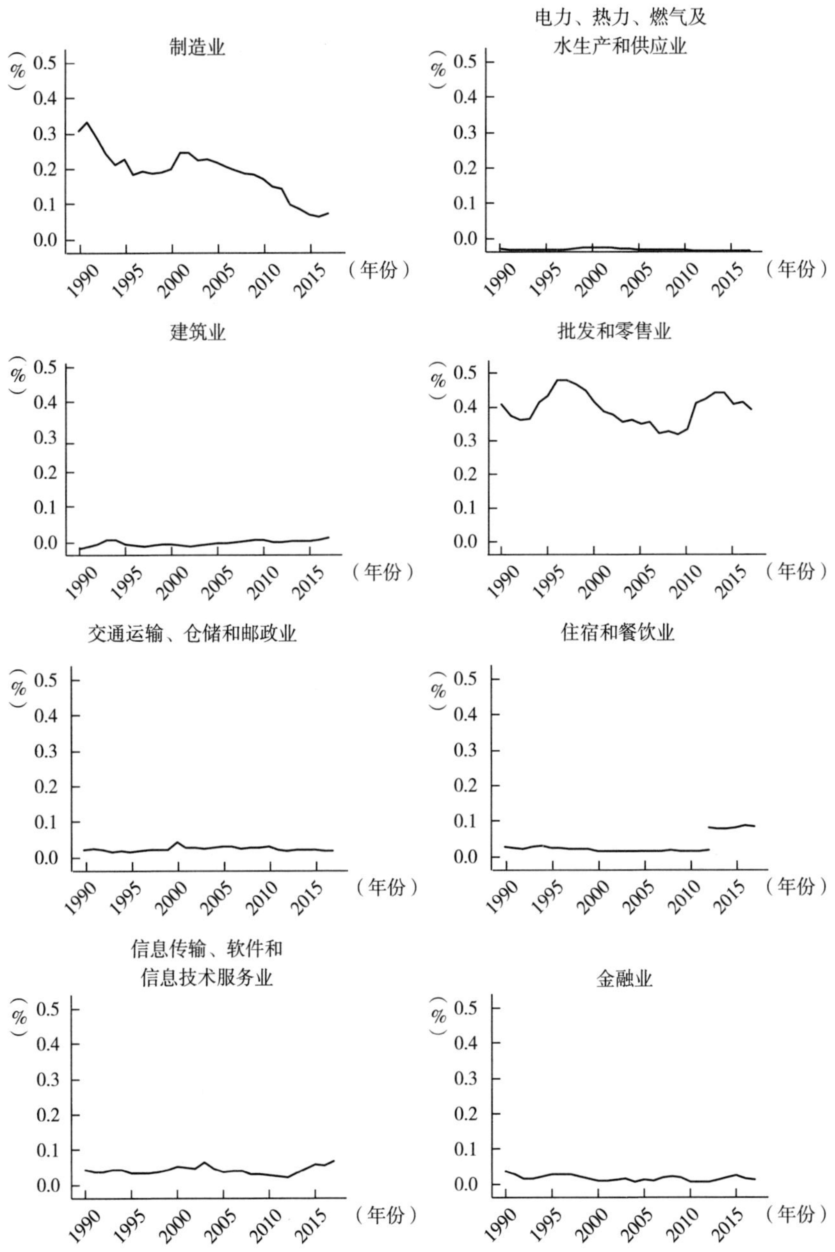
制造业
电力、热力、燃气及水生产和供应业
建筑业
批发和零售业
交通运输、仓储和邮政业
住宿和餐饮业
信息传输、软件和信息技术服务业
金融业
（%）
0.0
0.1
0.2
0.3
0.4
0.5
1990
1995
2000
2005
2010
2015
（年份）

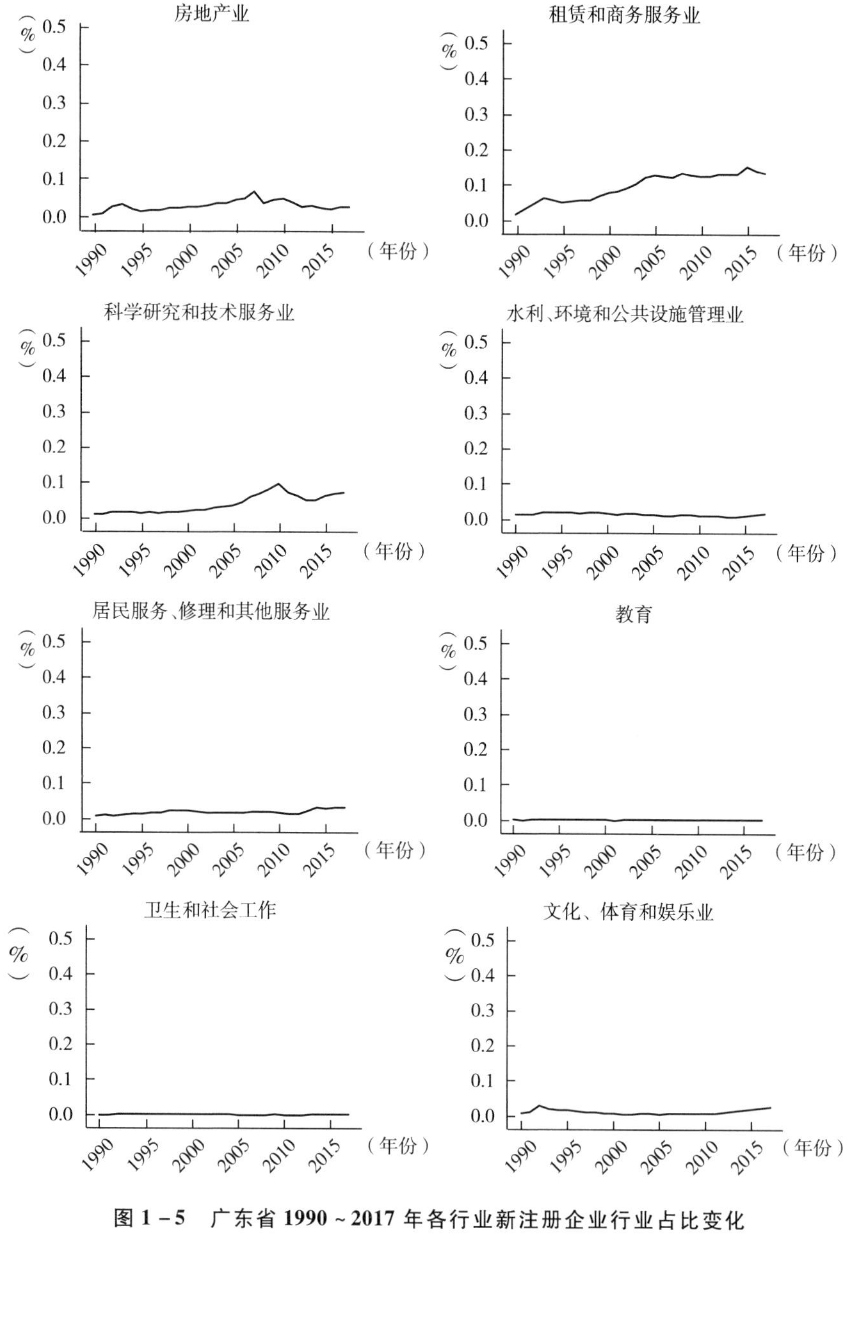

图 1-5　广东省 1990～2017 年各行业新注册企业行业占比变化

从图 1－5 中，我们可以看出，制造业、批发和零售业以及租赁和商务服务业在各时期占比均较高，且在不同时间的波动较大，而其他行业的新注册企业行业占比则较低，且变化较为平稳。因此，我们绘制了图 1－6～图 1－8，分别对制造业、批发和零售业以及租赁和商务服务业的新注册企业行业占比做进一步分析。

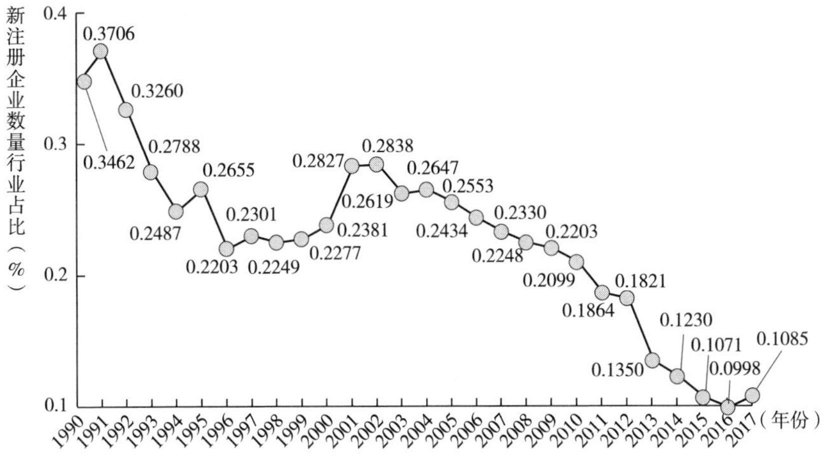

图 1－6　广东省 1990～2017 年制造业新注册企业行业占比变化

图 1－6 展示了广东省 1990～2017 年制造业新注册企业行业占比的变化情况。可以看出，整体上自 1990 年至今，制造业新注册企业行业占比呈现波动下降的趋势。从不同阶段看，特定时期制造业新注册企业行业占比也表现出阶段性巩固和提高的特征。在 1994～1995 年，制造业新注册企业数量行业占比从 24.87% 提高至 26.55%，提高了 1.68 个百分点；在 1996～2002 年，呈现出波动上升的趋势，自 1996 年的 22.03% 上升至 2002 年的 28.38%，年均增长率达到 1.06 个百分点，而 2002 年的 28.38% 也成为自 1993 年至今的最高点，随后，广东省制造业新注册企业行业占比出现

持续下降的趋势，直到 2016 年下降至最低点，仅占比 9.98%，虽然随后的 2017 年有制造业复苏的迹象，但整体上制造业新注册企业行业占比也仅有 10.85%，相比于 1991 年的峰值 37.06%，下降了 26.21 个百分点。

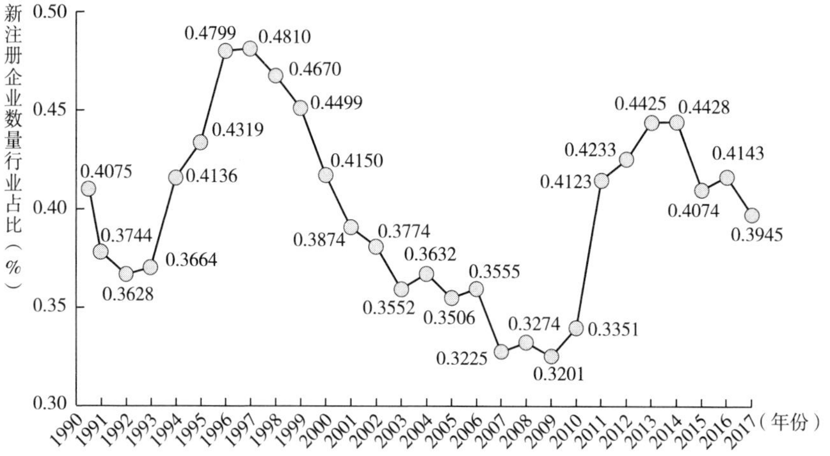

图 1－7　广东省 1990～2017 年批发和零售业新注册企业行业占比变化

图 1－7 揭示了广东省 1990～2017 年批发和零售业新注册企业行业占比的变化情况。可以看出，整体上自 1990 年至今，批发和零售业新注册企业行业占比呈现较大幅度的波动。从不同阶段看，可以分为两个上升阶段和三个下降阶段。其规律表现为：

（1）上升阶段分别为 1992～1997 年和 2009～2014 年。1992～1997 年，批发和零售业新注册企业数量行业占比从 36.28% 提高至 48.10%，提高了 11.82 个百分点，年均增长 2.36 个百分点，且 1997 年成为批发和零售业新注册企业行业占比最高的年份；在 2009～2014 年，批发和零售业新注册企业数量行业占比从 32.01% 提高至 44.28%，提高了 12.27 个百分点，年均增长 2.45 个百分点，尤其是 2010 ~ 2011 年仅一年，新注册企业行业占比就由 33.51% 提高至 41.25%，是整个周期内增长速度最快的阶段。

（2）下降阶段分别为 1990 ~ 1992 年、1997 ~ 2009 年和 2014 ~ 2017 年。1990 ~ 1992 年，批发和零售业新注册企业数量行业占比从 40.75% 下降至 36.28%，下降了 4.47 个百分点，年均下降 2.24 个百分点；1997 ~ 2009 年，是批发和零售业新注册企业数量行业占比持续下降时间最长的阶段，虽然期间有过小幅回升，但只持续了一年且回升幅度较低，而在这一阶段内，整体占比从 48.10% 下降至 32.01%，下降了 16.09 个百分点，年均下降 1.34 个百分点，且 2009 年成为批发和零售业新注册企业行业占比最低的年份；2014 ~ 2017 年，批发和零售业新注册企业数量行业占比从 44.28% 下降至 39.45%，下降了 4.83 个百分点，年均下降 1.61 个百分点。

图 1 - 8 展示了广东省 1990 ~ 2017 年租赁和商务服务业新注册企业行业占比的变化情况。可以看出，整体上自 1990 年至今，租赁和商务服务业新注册企业行业占比呈现波动上升的趋势。从不同阶段看，虽然期间出现过小幅下降，但持续时间短，且下降趋势较小，大部分的下降仅仅是占比数量的停滞，大致上，可以根据占比增长情况将其分为三个阶段：第一个阶段为 1990 ~ 1993 年，这期间租赁和商务服务业的新注册企业行业占比处于起步阶段，上升幅度较大，从 1990 年的 1.66% 上升至 1993 年的 6.46%，提高了 4.8 个百分点，年均增长 1.6 个百分点；第二个阶段为 1994 ~ 2008 年，其间 1994 ~ 1998 年租赁和商务服务业的发展经历了一段时间的停滞，新注册企业行业占比稳定在 5.64% 左右，随后 1998

~2008 年，新注册企业行业占比显著提升，由 1998 年的 5.80% 上升至 2008 年的 13.55%，提高了 7.75 个百分点，年均增长 0.78 个百分点；第三个阶段为 2009 ~ 2017 年，其间租赁和商务服务业新注册企业行业占比稳定在 13.44% 左右，其中，2015 年的行业占比达到 15.28%，是 1990 年至今的最高点。

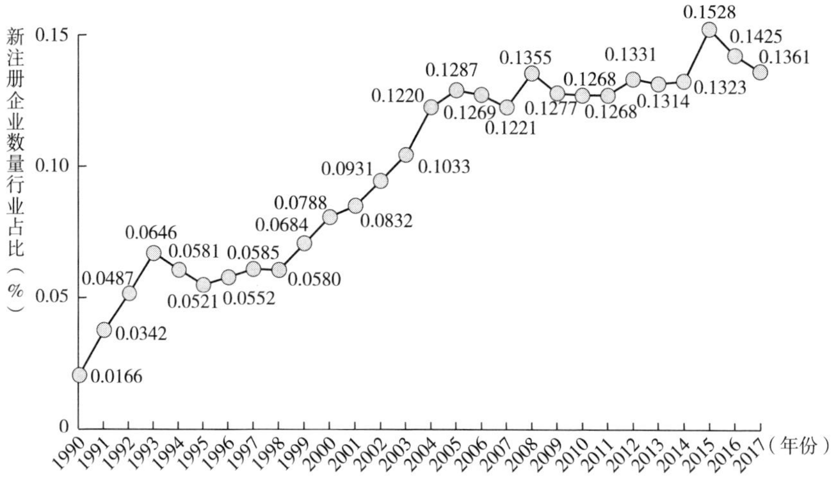

图 1-8　广东省 1990 ~ 2017 年租赁和商务服务业新注册企业行业占比变化

三　广东省创业企业的区域分布特征及演变趋势

由于广东省各地区发展差异较大，为了更为直观地对比分析各地级市创业企业的分布特征及演变趋势，我们绘制了广东省 21 个地级市（含 2 个副省级市）1990 ~ 2017 年新注册企业数量的变化情况，如图 1-9 所示。

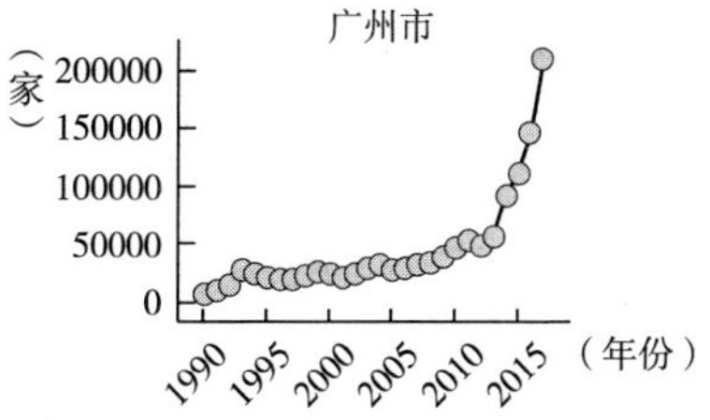
广州市
（家）
200000
150000
100000
50000
0
1990
1995
2000
2005
2010
2015
（年份）

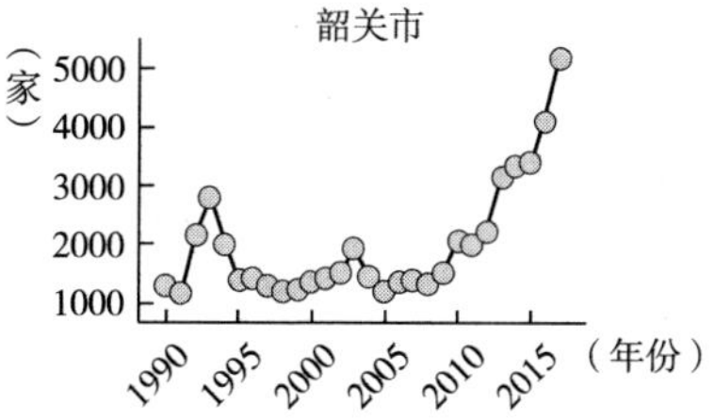
韶关市
（家）
5000
4000
3000
2000
1000
1990
1995
2000
2005
2010
2015
（年份）

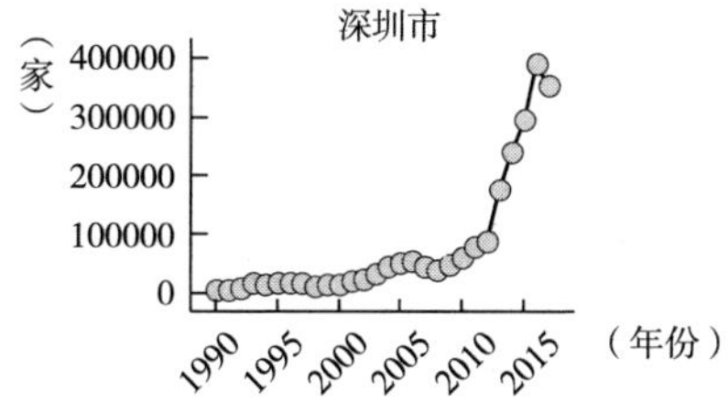
深圳市
（家）
400000
300000
200000
100000
0
1990
1995
2000
2005
2010
2015
（年份）

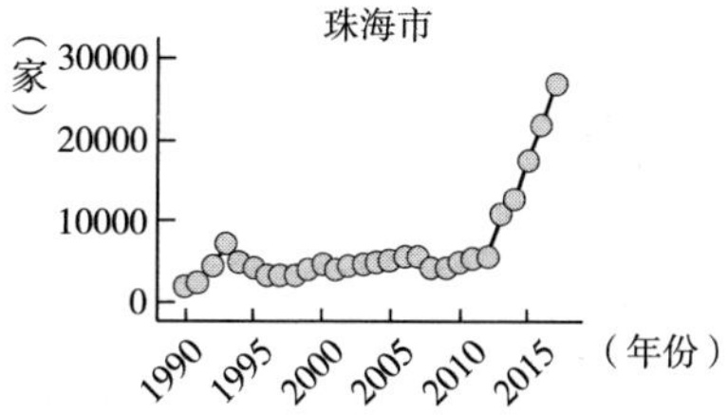
珠海市
（家）
30000
20000
10000
0
1990
1995
2000
2005
2010
2015
（年份）

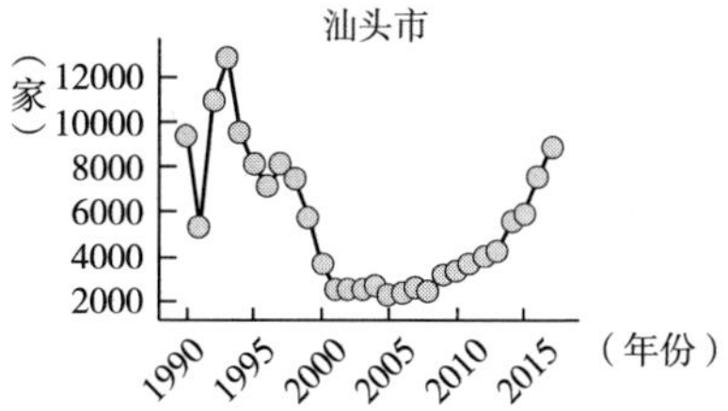
汕头市
（家）
12000
10000
8000
6000
4000
2000
1990
1995
2000
2005
2010
2015
（年份）

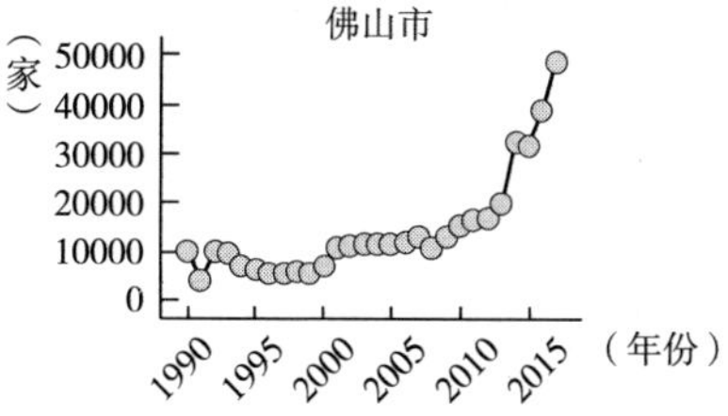
佛山市
（家）
50000
40000
30000
20000
10000
0
1990
1995
2000
2005
2010
2015
（年份）

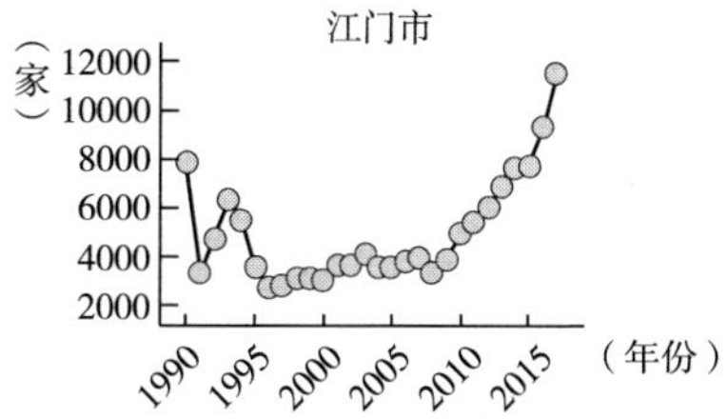
江门市
（家）
12000
10000
8000
6000
4000
2000
1990
1995
2000
2005
2010
2015
（年份）

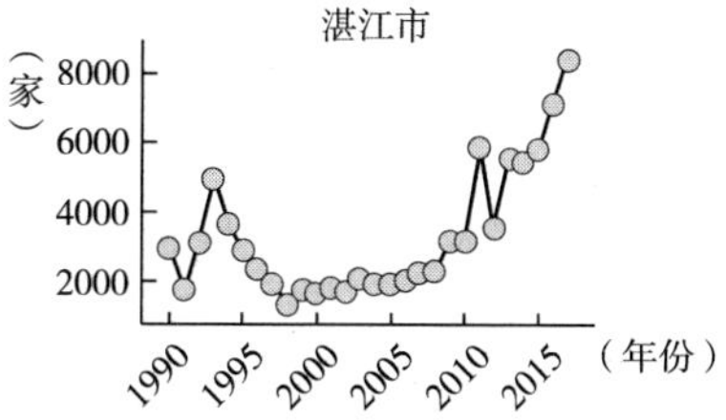
湛江市
（家）
8000
6000
4000
2000
1990
1995
2000
2005
2010
2015
（年份）

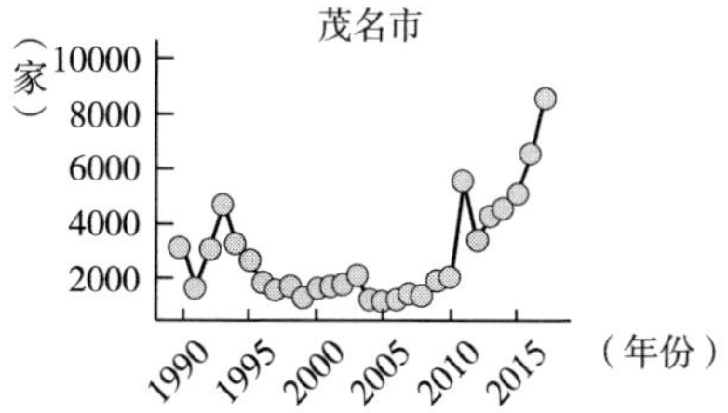
茂名市
（家）
10000
8000
6000
4000
2000
1990
1995
2000
2005
2010
2015
（年份）

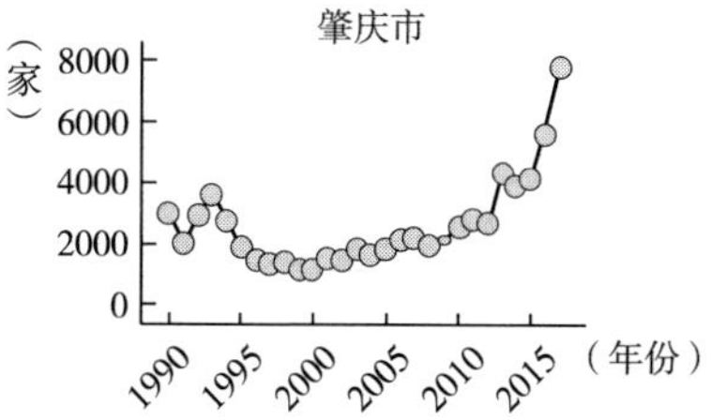
肇庆市
（家）
8000
6000
4000
2000
0
1990
1995
2000
2005
2010
2015
（年份）

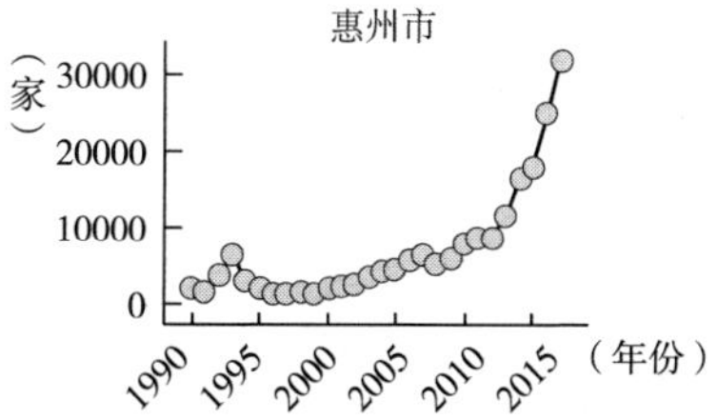
惠州市
（家）
30000
20000
10000
0
1990
1995
2000
2005
2010
2015
（年份）

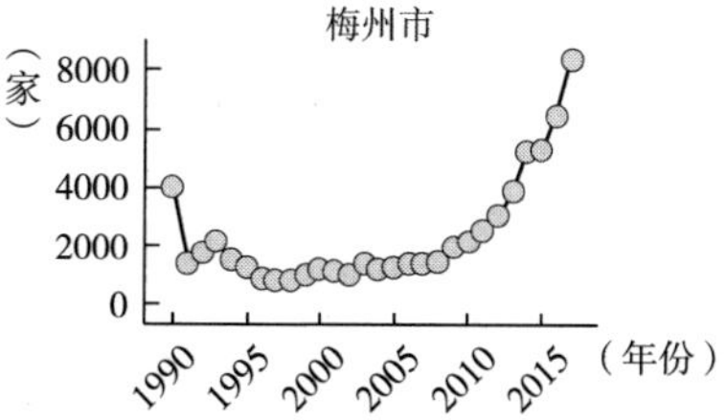
梅州市
（家）
8000
6000
4000
2000
0
1990
1995
2000
2005
2010
2015
（年份）

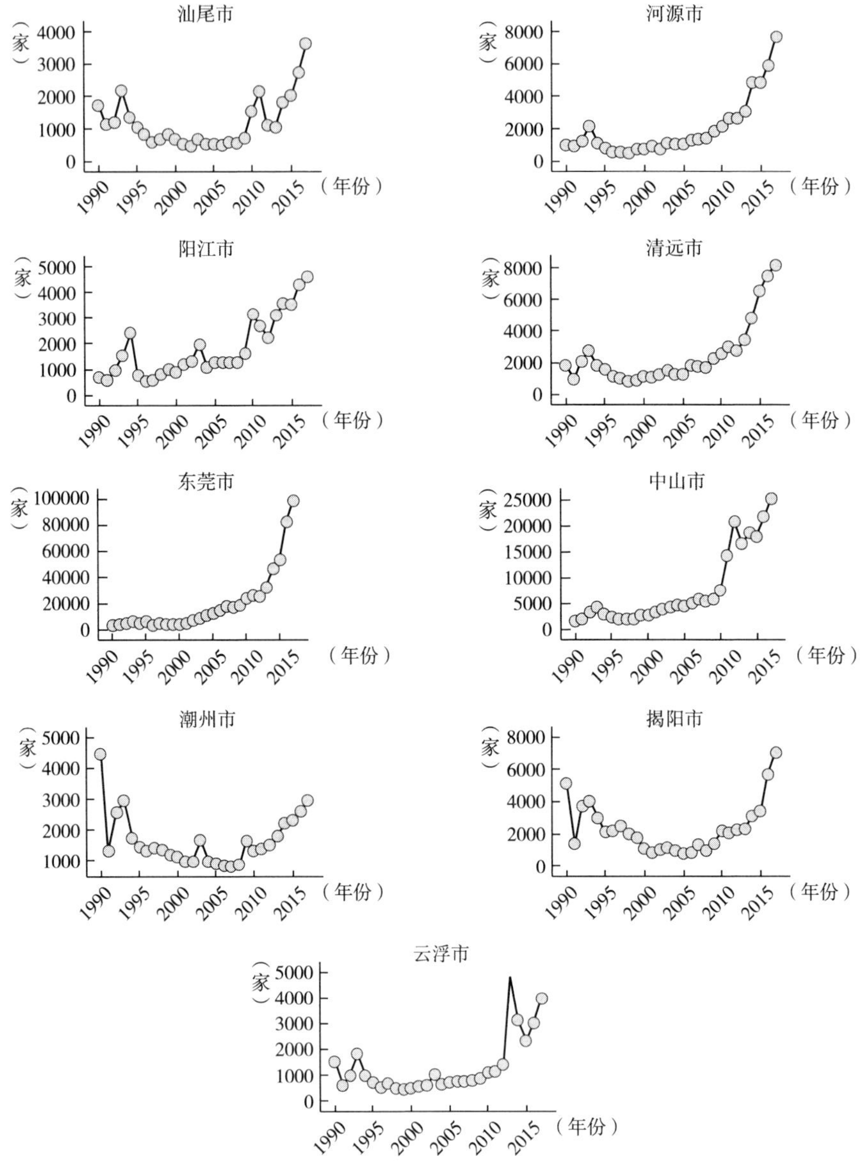

图 1－9　广东省 21 个地级市 1990～2017 年新注册企业数量变化

从图 1－9 的总体变化趋势可以看出，其中，广州市、深圳市、珠海市、佛山市、惠州市、梅州市、河源市、清远市、东莞市、中山市在 1990～2017 年新注册企业数量呈现不断上升趋势，且其数量均在 2012 年前后开始高速增长；韶关市、江门市、湛江市、茂名市、肇庆市、汕尾市、阳江市、揭阳市在 1990 年至 2013 年前后，出现较大程度的波动，尤其是在 1995 年前后出现了较大程度的新注册企业数量骤降现象，但在 2013 年之后均出现较快速的增长；汕头市、潮州市在 1990～2010 年出现了较大程度的新注册企业数量下降现象，而 2010 年之后又开始出现回升趋势，但从数量上看，并没有超过前期的峰值；云浮市在 1990～2012 年新注册企业数量较为平稳，但在 2012 年之后经历了较大的波动，先后出现迅速增加、迅速回落以及近两年来的再次回升。

图 1－10 展示了广东省 21 个地级市（含 2 个副省级市）2017

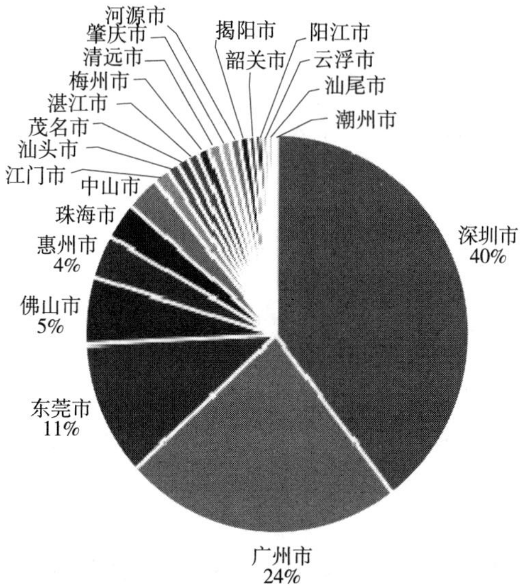

图 1－10　广东省 21 个地级市 2017 年新注册企业数量对比

年新注册企业数量的对比情况。可以看出：2017 年创业企业数量居于全省前 5 的依次为：深圳市、广州市、东莞市、佛山市、惠州市，其创业企业个数占全省创业企业总数之比分别为 40%、24%、11%、5%、4%。进一步分析，我们可以发现，排名第一的深圳市的创业企业个数占比超过广州市和东莞市创业企业个数占比的总和，而排名前 5 的城市创业企业个数占比总和达到 84%，可以认为这 5 个城市是广东省创新创业的中坚力量。

四 小结

本篇从创业视角出发，通过企业工商注册数据挖掘企业的产业分布、行业分布以及地区分布特征，具体总结为以下三个方面的规律。

第一，对广东省创业企业的产业分布特征及演变趋势进行分析，发现广东省自 1990 年以来，经历了由“制造大省”向“服务大省”的转变。具体而言：①第一产业新注册企业份额一直较低，年均新注册企业份额仅为 1.82%。②第二产业新注册企业份额的波动下降趋势明显，自 1990 年的 37.85% 下降至 2017 年的 15.87%，年均下降 0.81 个百分点。③第三产业新注册企业份额一直保持在最高占比位置，平均份额达到 71.23%，并且仍有不断上升趋势，自 1990 年的 60.14% 上升至 2017 年的 82.83%，年均提高 0.84 个百分点。

第二，对广东省创业企业的行业分布特征及演变趋势进行分析，发现广东省的制造业、批发和零售业以及租赁和商务服务业在各时期占比均较高且在不同时间的波动较大，而其他行业的新注册企业行业占比较低且变化较为平稳。具体而言：

（1）制造业新注册企业行业占比呈现波动下降的趋势，但特定时期制造业新注册企业行业占比也表现出阶段性巩固和提高的特征，例如，在1996～2002年以及2017年均有制造业复苏的趋势，但总体看，制造业新注册企业行业占比的下降幅度较大，从1991年的峰值37.06%下降到2017年的10.85%。

（2）批发和零售业新注册企业行业占比总体可以分为两个上升阶段和三个下降阶段，其上升阶段分别为1992～1997年和2009～2014年，尤其是2010～2011年仅一年时间，新注册企业行业占比就由33.51%提高至41.25%，增长幅度达到23.10%；下降阶段分别为1990～1992年、1997～2009年和2014～2017年，其中，1997～2009年，是批发和零售业新注册企业数量行业占比持续下降时间最长的阶段，占比从48.10%下降至32.01%，下降了16.09个百分点，年均下降1.34个百分点，且2009年成为批发和零售业新注册企业行业占比最低的年份。

（3）租赁和商务服务业新注册企业行业占比呈现波动上升的趋势。其中1990～1993年以及1998～2008年这两个时期，是租赁和商务服务业的新注册企业行业占比的增速上升期，年均增长率分别达到1.6个百分点和0.78个百分点；而2009年至今的占比则较为稳定，保持在13.44%左右。

第三，对广东省创业企业的区域分布特征及演变趋势进行分析，新注册企业数目在广东省大部分城市呈现波动上升的趋势，其中，深圳市、广州市、东莞市、佛山市、惠州市是广东省最有吸引力的城市。2017 年，这 5 个城市创业企业个数占全省创业企业总数之比分别为 40%、24%、11%、5%、4%。进一步分析，可以发现，排名第一的深圳市的创业企业个数占比超过广州市和东莞市创业企业个数占比的总和，而排名前 5 的城市创业企业个数占比总和达到 84%，可以认为这 5 个城市是广东省创新创业的中坚力量。

吸引外来投资篇

作为最先开放的沿海省份之一，广东省自改革开放以来，吸引大量外资进入中国并逐渐深入内地，实现了令世人瞩目的跨越式经济大发展。广东省实际利用外资总量从 1979 年的 0.9 亿美元一路攀升至 216.42 亿美元。2017 年 12 月，广东省发布了《广东省进一步扩大对外开放积极利用外资若干政策措施》，从市场准入、财政奖励、用地保障、研发创新、金融支持等 10 个方面，设立了包括放开 30% 限制外商投资产业准入，制造业领域放开专用车、新能源汽车制造的外资股比限制；外商在广东投资实体经济项目、设立总部或地区总部最高奖励 1 亿元人民币；为重点外企提供知识产权保护“直通车”服务，为外商高管派发“优粤卡”、享受政策优惠等，进一步推动广东形成对外开放新格局。

企业作为外来资金的投资对象，只有具备有效的资本流动才能为企业的生存发展带来生机与活力，因而外来投资可以体现出地区投资回报率的高低，也可以充当度量创新创业活动的晴雨表。风险投资作为传统融资渠道的重要补充，日渐成为高新技术企业和创新型企业的重要融资渠道。国际咨询公司麦肯锡在 2015 年 10 月发布的关于我国创新产业的报告中，也特别建议为高科技企业提供风险资本，帮助高科技企业提升生产效率，促进产能结构优化升级。[①] 这意味着外来投资和风险投资在不同时期、不同行业都有着较大的差异，对于产业结构处于不同阶段的地区更是有着不同的偏好。因此，本篇中，分别对广东省外来投资和风险投资的产业分布特征及演变趋势、行业分布特征及演变趋势、区域分布特征及演变趋势逐一进行分析，更好地总结广东在吸引外来投资中的经验与不足。

一　广东省外来投资的产业分布特征及演变趋势

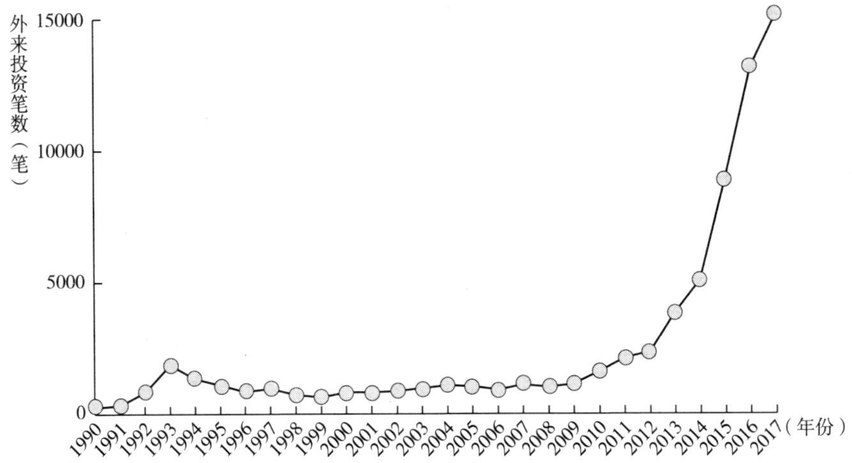

图 2－1　广东省 1990～2017 年吸引外来投资笔数变化

从图 2－1 可以看出，广东省 1990～2017 年吸引外来投资笔数整体呈现先平稳发展后快速上升的趋势，1990～2009 年是广东省吸引外来投资笔数变化相对平稳的阶段，在这一阶段中，1992 年

① Mckinsey Global Institute, “The China Effect on Global Innovation”, October 2015.

和1993年广东省吸引外来投资笔数出现短暂爬升，但爬升幅度较小，其余几年广东省吸引外来投资笔数发展较为平稳，其变化趋势接近于横线。2010～2017年是广东省吸引外来投资笔数快速增长的一段时期，尤其2015年和2016年这两年广东省吸引外来投资笔数迅速增加，最终在2017年达到目前的最大值。

首先，对1990～2017年，广东省第一、第二、第三产业吸引外来投资笔数的变化趋势进行分析。

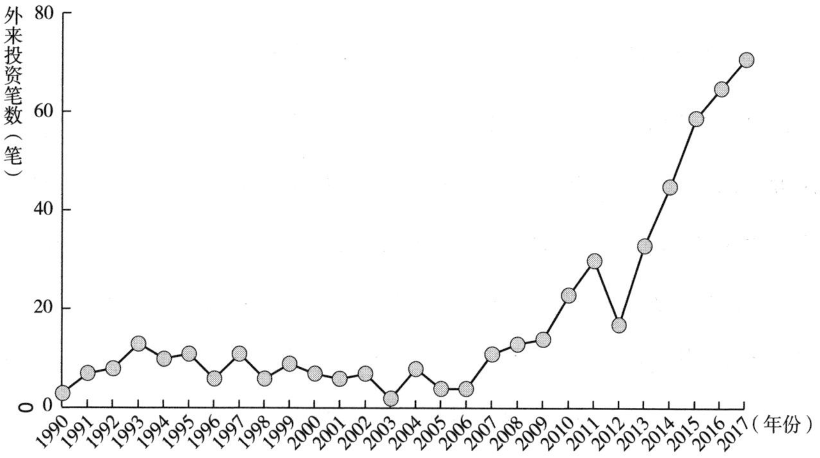

图2－2　广东省1990～2017年第一产业外来投资笔数变化

图2－2展示了广东省1990～2017年第一产业外来投资笔数的变化情况。可以看出，1990～2008年外来投资笔数较平稳地保持在7.68笔左右，2009～2011年第一产业外来投资笔数出现显著增加趋势，2012年外来投资笔数稍有下降，随后在2013～2017年第一产业外来投资笔数出现显著增长趋势，到2017年达到了自1990年以来的高峰，外来投资笔数71笔，2013～2017年第一产业外来投资笔数的年增长率达到21.11%。

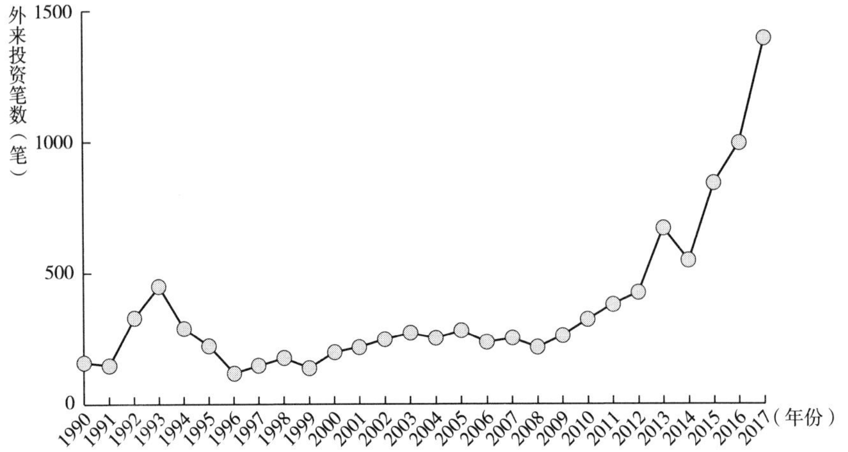

图 2－3　广东省 1990～2017 年第二产业外来投资笔数变化

图 2－3 揭示了广东省 1990～2017 年第二产业外来投资笔数的变化情况。可以看出，除 1991～1996 年出现小幅度波动外，1997～2012年第二产业外来投资笔数较平稳地保持在 249.88 笔左右，2013 年外来投资笔数出现短期增长，2014 年稍有下降，随后 2015～2017 年第二产业外来投资笔数出现显著增长趋势，到 2017 年达到 1990 年以来的高峰，外来投资笔数达到 1395 笔，2015～2017 年外来投资笔数年均值增长率达到 28.64%。

图 2－4 展示了广东省 1990～2017 年第三产业外来投资笔数的变化情况。可以看出，1990～2011 年第三产业外来投资笔数较平稳地保持在 790.59 笔左右，2012～2017 年第三产业外来投资笔数出现显著增加趋势，到 2017 年达到了自 1990 年以来的高峰，第三产业外来投资笔数达到 13570 笔，2012～2017 年第三产业外来投资笔数增长率显著提高，年平均增长率达到 47.77%。

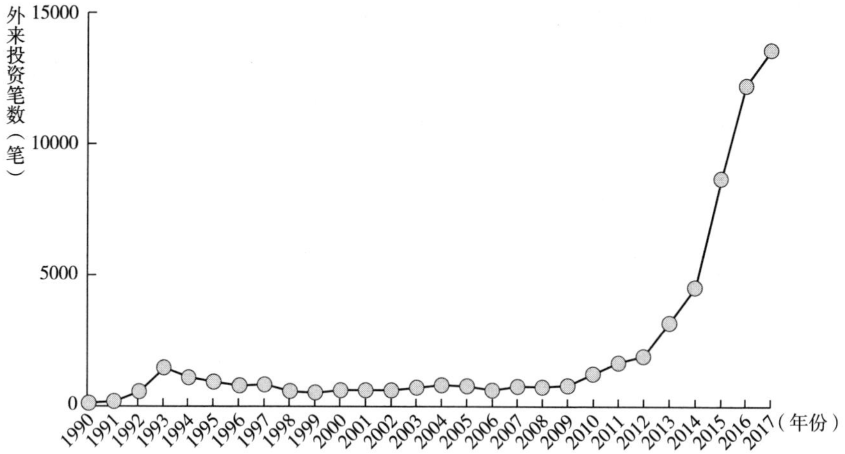

图 2－4　广东省 1990～2017 年第三产业外来投资笔数变化

图 2－5 揭示了广东省 1990～2017 年三大产业外来投资笔数占外来投资笔数总量的比重（以下简称“外来投资笔数份额”）变化情况。从图 2－5 中可以看出：

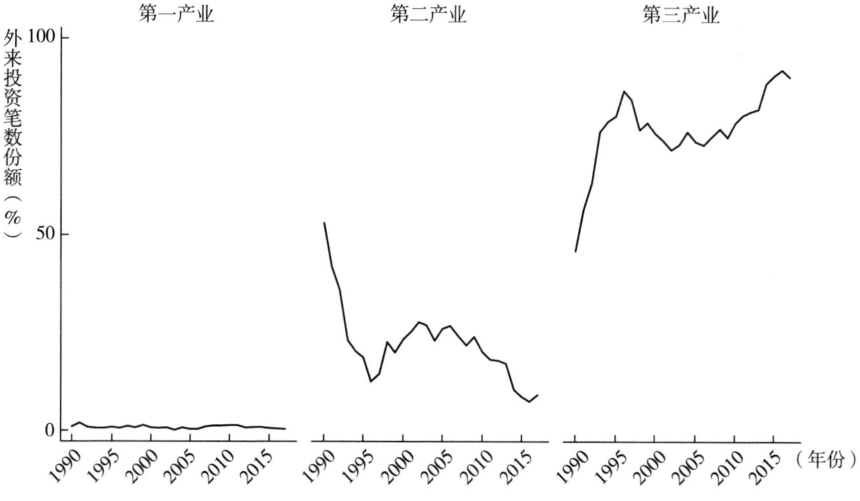

图 2－5　广东省 1990～2017 年三大产业外来投资笔数份额变化

（1）整体上，自 1990 年以来，第一产业外来投资笔数份额一直较低，且变化趋势不明显，平均外来投资笔数份额仅为0.88%。

（2）自1990年以来，第二产业外来投资笔数份额下降趋势明显，自1990年的53.02%下降到2017年的9.28%。

（3）总体而言，第三产业外来投资笔数份额一直是三大产业中占比最高的，平均份额达到76.94%。自1990年以来，第三产业外来投资笔数份额的变化趋势与第二产业外来投资笔数份额变化趋势相反，呈现波动上升的趋势，自1990年的45.97%上升至2017年的90.25%，年均提高了1.64个百分点。

二　广东省外来投资的行业分布特征及演变趋势

为了更为清晰地分析各产业内结构变化，尤其是制造业和服务业内部的演变特征，图2-6揭示了广东省1990~2017年各行业外来投资笔数份额的变化情况。

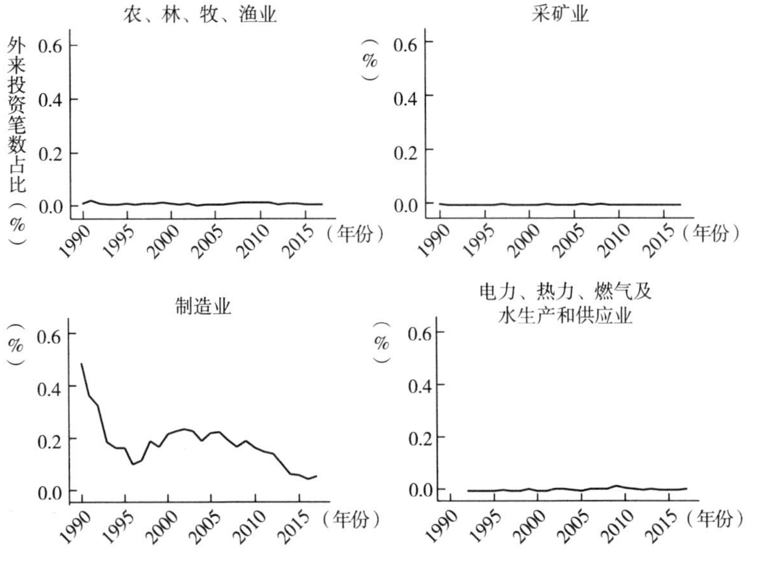

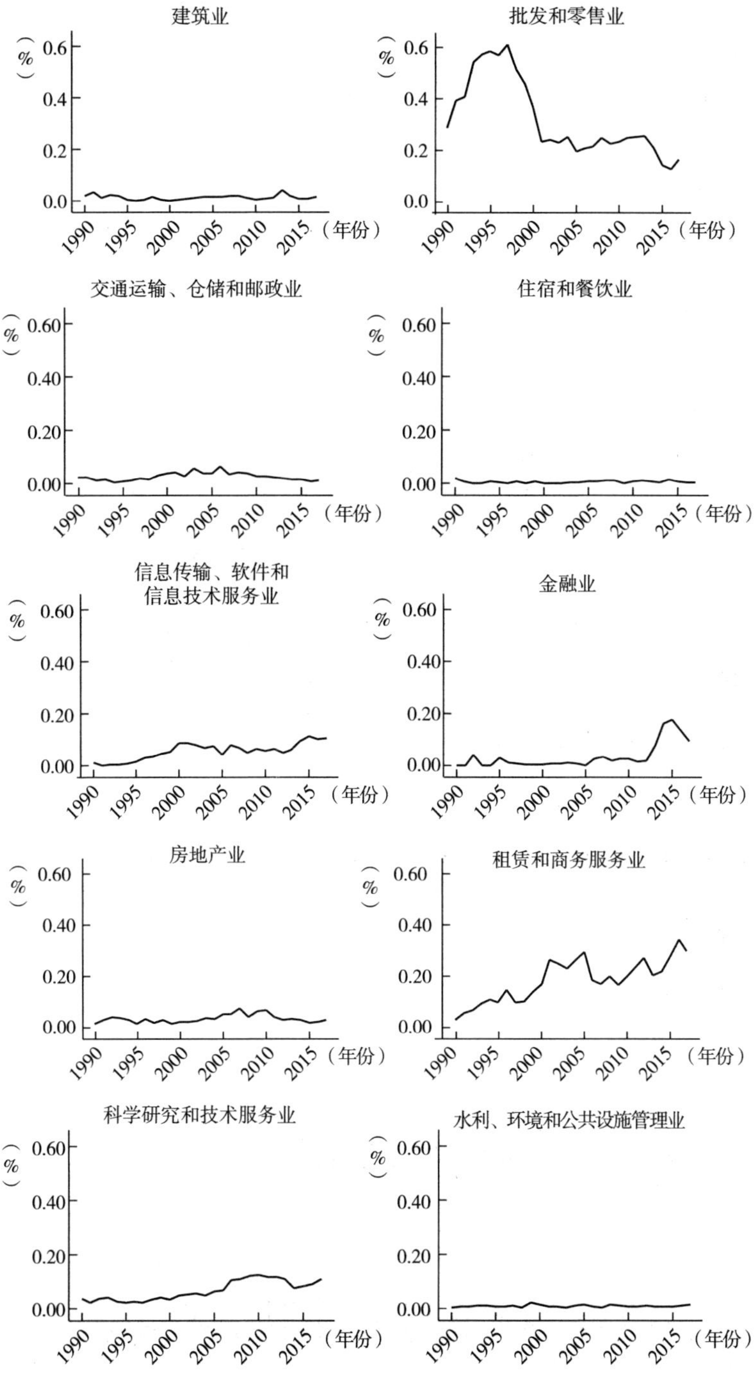
建筑业
批发和零售业
交通运输、仓储和邮政业
住宿和餐饮业
信息传输、软件和信息技术服务业
金融业
房地产业
租赁和商务服务业
科学研究和技术服务业
水利、环境和公共设施管理业
（%）
0.00
0.20
0.40
0.60
1990
1995
2000
2005
2010
2015
（年份）

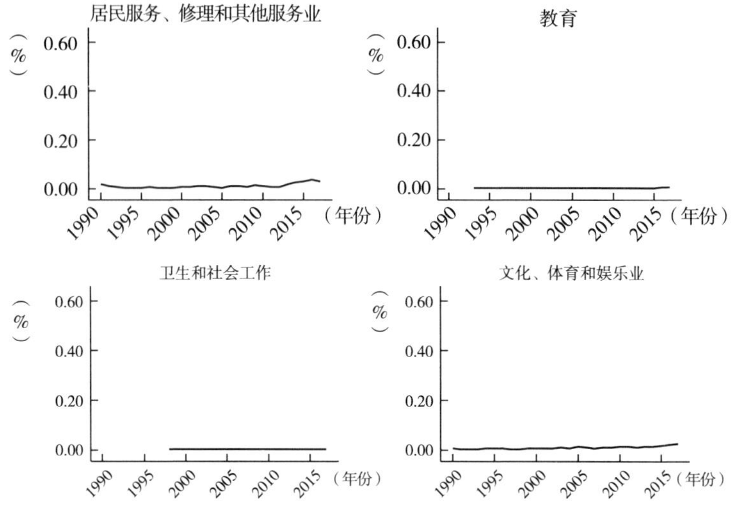

图 2-6　广东省 1990~2017 年分行业外来投资笔数份额变化

从图 2-6 中可以看出，批发和零售业、制造业、租赁和商务服务业的外来投资笔数行业占比在各时期数据较高，且在不同时间的波动较大，而其他行业的外来投资笔数行业占比较低且波动不显著，因此，我们绘制了图 2-7~图 2-9，分别对制造业、批发和零售业以及租赁和商务服务业吸引外来投资笔数行业占比做进一步分析。

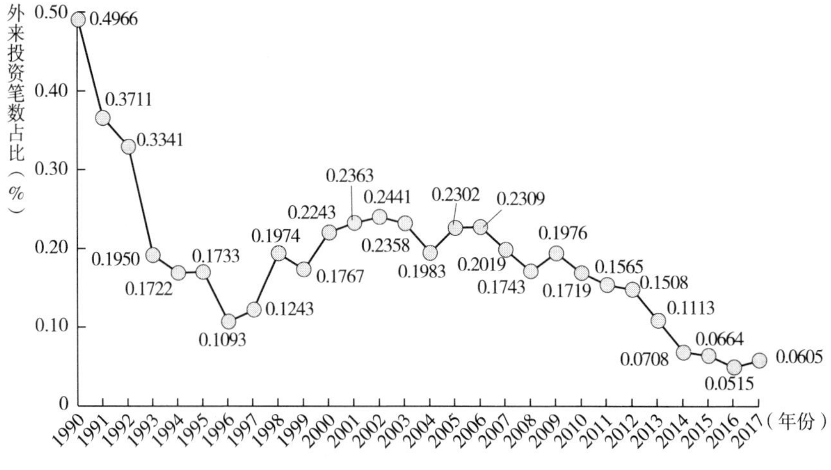

图 2-7　广东省 1990~2017 年制造业外来投资笔数行业占比变化

图 2-7 展示了广东省 1990~2017 年制造业外来投资笔数行业占比的变化情况。从整体上看，自 1990 年至今制造业外来投资笔数行业占比呈现波动下降的趋势，从不同阶段看，1990~1996 年制造业外来投资笔数行业占比下降趋势显著，从 1990 年的 49.66%下降至 1996 年的 10.93%，下降了 38.73 个百分点，特定时期制造业外来投资笔数行业占比也表现出阶段性巩固和提高的特征。1996~1998年，制造业外来投资笔数行业占比从 10.93%提高至 19.74%，提高了 8.83 个百分点；在 1999~2002 年，制造业外来投资笔数行业占比呈现逐步上升的趋势，从 1999 年的 17.67%上升至 2002 年的 24.41%，提高了 6.74 个百分点，年均增长率达到 2.25 个百分点，而且 2002 年的 24.41%也成为自 1996 年以来的峰值，随后制造业外来投资笔数行业占比呈现波动下降的趋势，直到 2016 年下降至最低点 5.15%，相比于 1990 年的峰值（49.66%），下降了 44.51 个百分点。

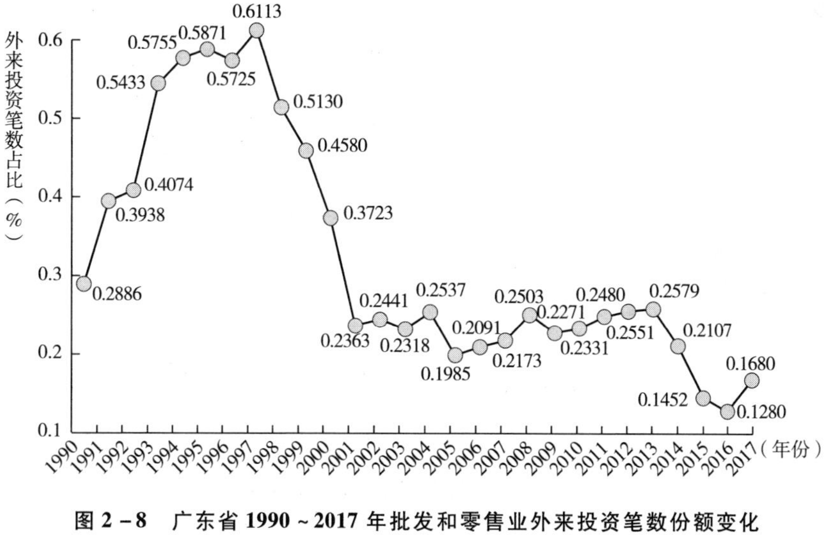

图 2-8　广东省 1990~2017 年批发和零售业外来投资笔数份额变化

图 2－8 展示了广东省 1990～2017 年批发和零售业外来投资笔数行业占比的变化情况。从整体上看，可以将 1990 年至今批发和零售业外来投资笔数行业占比分为四个发展阶段，分别为一个上升阶段、两个下降阶段、一个波动阶段。（1）上升阶段为 1990～1997 年。在这一阶段中，除 1996 年稍有回落外，其他几年外来投资笔数行业占比均有提升，1990～1997 年，批发和零售业外来投资笔数行业占比从 28.86% 提高至 61.13%，提高了 32.27 个百分点，年均增长 4.61 个百分点，且 1997 年成为批发和零售业外来投资笔数行业占比最高的年份。（2）下降阶段为 1998～2001 年和 2014～2016 年。1998～2001 年批发和零售业外来投资笔数行业占比持续下降，从 1998 年年初的 61.13% 下降至 2001 年的 23.63%，下降了 37.5 个百分点，年均下降 12.5 个百分点；2014～2016 年批发和零售业外来投资笔数行业占比连续三年下降，从 2014 年年初

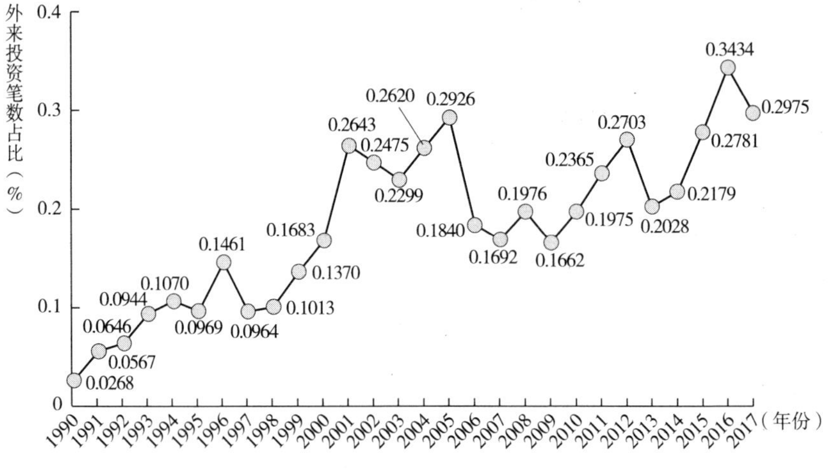

图 2－9　广东省 1990～2017 年租赁和商务服务业外来投资笔数行业占比变化

的 25.79% 下降至 2016 年的 12.8%，下降了 12.99 个百分点，年均下降 6.50 个百分点。（3）2001～2013 年为波动阶段，在这一阶段，批发和零售业外来投资笔数行业占比波动较小，变化不显著，基本维持在 25.52% 左右。

图 2－9 展示了广东省 1990～2017 年租赁和商务服务业外来投资笔数行业占比的变化情况。从整体上看，自 1990 年至今租赁和商务服务业外来投资笔数行业占比呈现波动上升的趋势。从不同阶段看，（1）1990～1997 年：1990～1996 年波动提升，达到小高峰 14.61%，随后在 1997 年又迅速回落；（2）1998～2005 年：除 2001～2003 年租赁和商务服务业行业占比稍有回落外，其余几年均稳步提升，2005 年达到该阶段峰值 29.26% 后，在 2007 年迅速下降至 16.92%；（3）2008～2017 年：租赁和商务服务业的行业占比继续呈现波动上升趋势，在 2009～2013 年波动尤为明显，在 2016 年达到自 1990 年以来的峰值 34.34%，随后在 2017 年回落至 29.75%。

三　广东省外来投资的区域分布特征及演变趋势

由于广东省各地区发展差异较大，为了更为直观地对比分析各地级市吸引外来投资的分布特征及演变趋势，我们绘制了广东省 21 个地级市 1990～2017 年外来投资笔数及其占比变化情况，如图 2－10 所示。

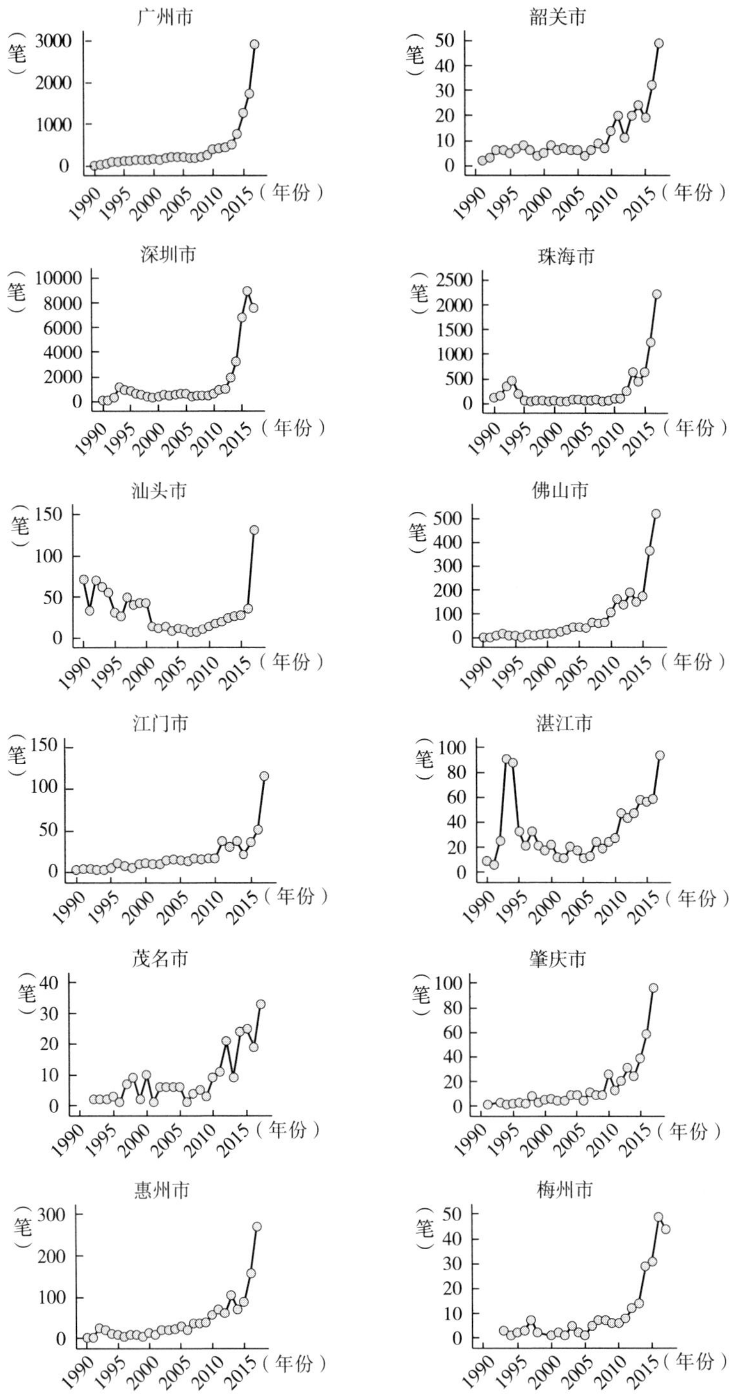
广州市
韶关市
深圳市
珠海市
汕头市
佛山市
江门市
湛江市
茂名市
肇庆市
惠州市
梅州市
（笔）
（年份）

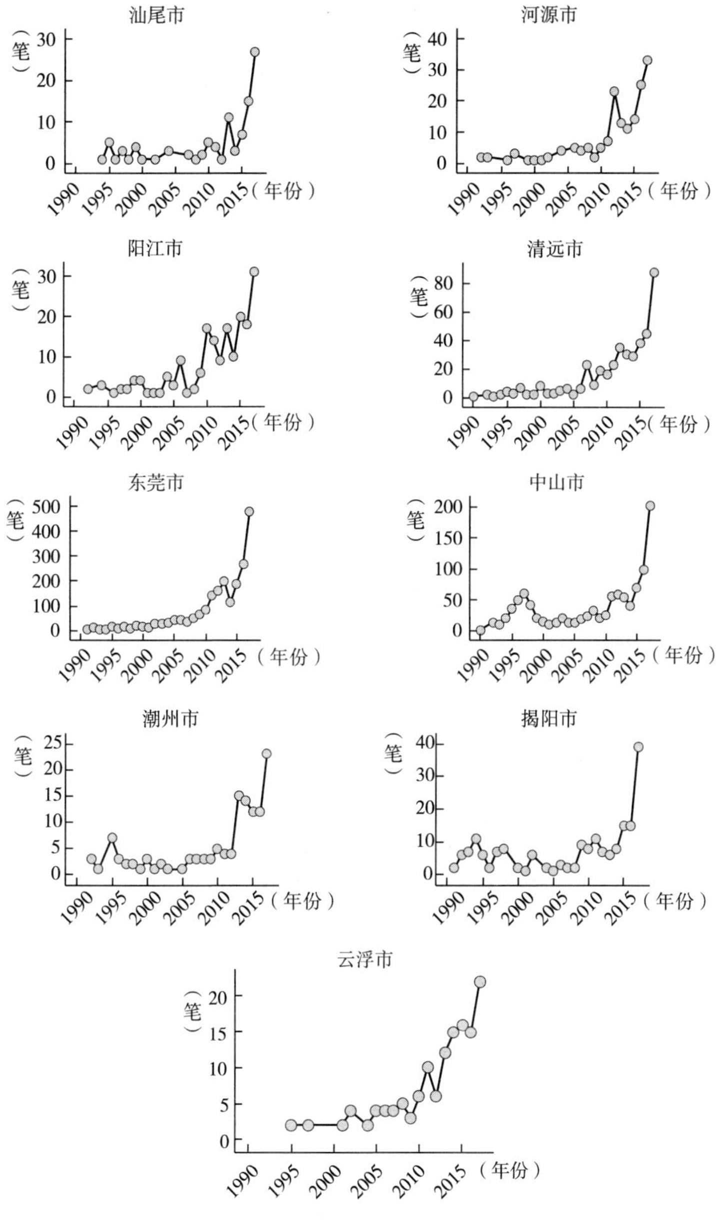

图 2－10　广东省 21 个地级市 1990～2017 年外来投资笔数变化

图 2－10 展示了广东省 21 个地级市 1990～2017 年外来投资笔数的变化情况。从总体的变化趋势可以看出，其中广州市、深圳

市、珠海市、佛山市、江门市、肇庆市、惠州市、梅州市、清远市、东莞市在1990～2017年外来投资笔数占比呈现不断上升趋势，且数量均在2012年后开始高速增长；韶关市、汕头市、茂名市、汕尾市、河源市、阳江市、清远市、中山市、潮州市、揭阳市、云浮市在1990～2013年前后，出现较大程度的波动，随后出现较为快速的增长，且各市外来投资笔数均在2017年达到峰值；湛江市外来投资笔数在1992～1993年快速增长，1993年达到峰值，随后在1994～1995年外来投资笔数骤降。

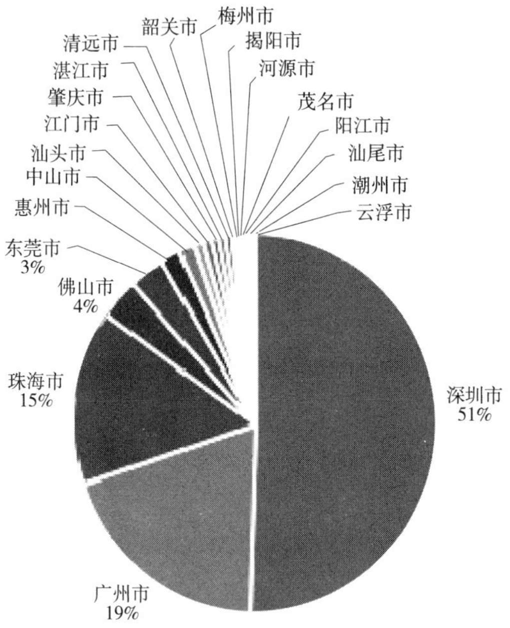

图2－11　广东省21个地级市2017年外来投资笔数占比变化

图2－11展示了广东省21个地级市2017年外来投资笔数的占比情况。可以看出，深圳2017年外来投资笔数最多，其外来投资笔数占全省外来投资笔数总数的51%，其次为广州市、珠海市、

佛山市、东莞市，其外来投资笔数分别占全省外来投资笔数总数的19%、15%、4%、3%，进一步分析可以看出，深圳市外来投资笔数占比超过其他所有各市外来投资笔数占比的总和，排名前5的城市外来投资笔数占比总和达到92%，可以发现，广东省各市吸引外来投资笔数能力呈现两极分化状态。

四　广东省风险投资的产业分布特征及演变趋势

由于风险投资对高技术企业的偏好，风险投资的产业分布可以体现不同产业的创新程度，本部分对1990～2017年广东省第一、第二、第三产业风险投资笔数的变化趋势进行分析。

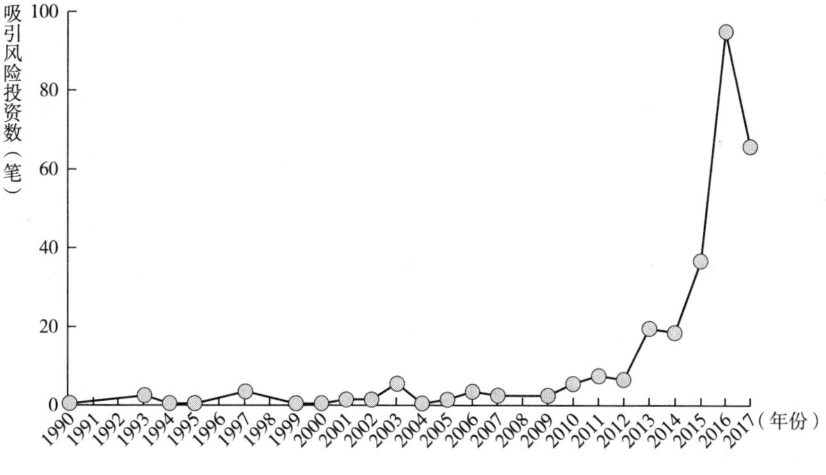

图2－12　广东省1990～2017年第一产业吸引风险投资数变化

图2－12展示了广东省1990～2017年第一产业吸引风险投资数的变化情况。可以看出，1990～2012年广东省第一产业吸引风险投资数较平稳地保持在3.11笔左右，2013～2016年，除2014年

稍有回落之外，其余三年广东省第一产业吸引风险投资数快速增长，在2016年达到1990年至今的峰值，吸引风险投资数达到95笔，随后在2017年下降至66笔。

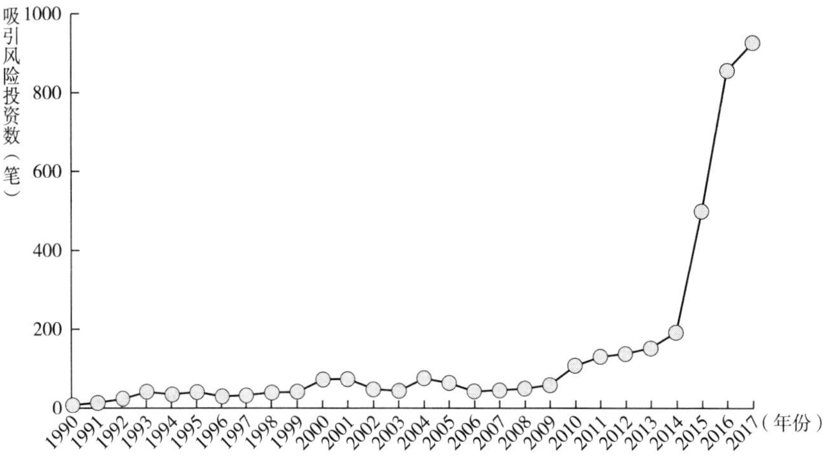

图2-13　广东省1990～2017年第二产业吸引风险投资数变化

图2-13反映了广东省1990～2017年第二产业吸引风险投资数的变化情况。可以看出，1990～2013年广东省第二产业吸引风险投资数较平稳地保持在58.91笔左右，2014～2017年，广东省第二产业吸引风险投资数显著增长，在2017年达到1990年至今的峰值，吸引风险投资数达到926笔。

图2-14反映了广东省1990～2017年第三产业吸引风险投资数的变化情况。可以看出，1990～2012年广东省第三产业吸引风险投资数较平稳地保持在181.96笔左右。2013～2016年，广东省第三产业吸引风险投资数显著增长，在2016年达到1990年至今的峰值，吸引风险投资数达到7879笔。随后在2017年稍有回落。

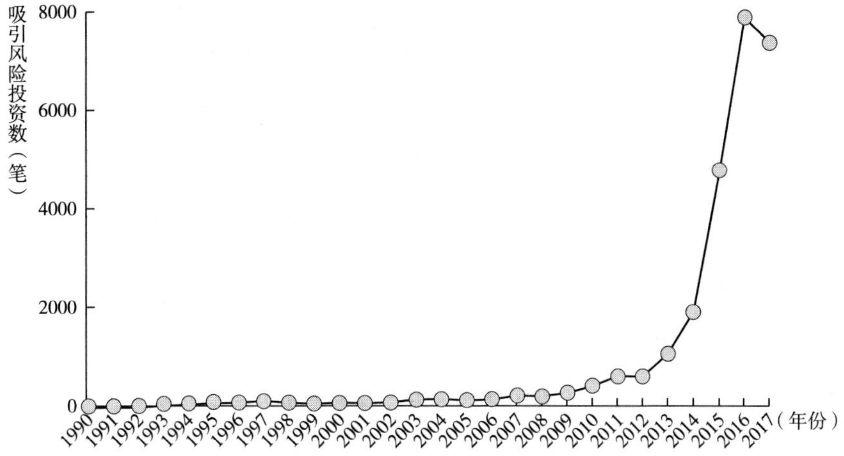

图 2-14　广东省 1990～2017 年第三产业吸引风险投资数变化

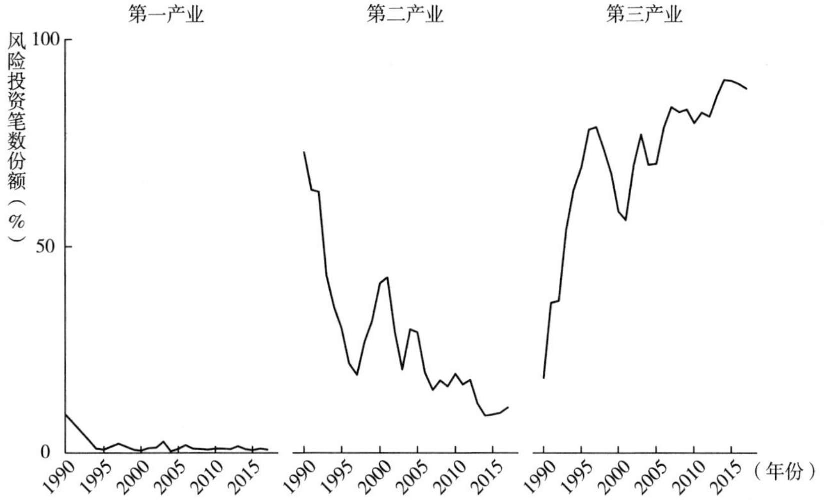

图 2-15　广东省 1990～2017 年三大产业风险投资笔数份额变化

图 2-15 反映了广东省 1990～2017 年三大产业风险投资笔数占风险投资笔数总量的比重（以下简称“风险投资产业份额”）的变化情况。从图 2-15 可以看出：

（1）整体上，自 1990 年以来，第一产业风险投资份额一直较低，且变化趋势不明显，平均风险投资笔数份额仅为 1.55%，

（2）整体上，自 1990 年以来，第二产业风险投资份额呈现波动下降趋势，自 1990 年的 72.73% 下降到 2017 年的 11.08%，年均下降了 2.28 个百分点。1990～1997 年下降趋势尤为明显。

（3）总体而言，第三产业风险投资份额的变化趋势与第二产业相反，呈现波动上升的趋势，自 1990 年的 18.18% 上升至 2017 年的 88.13%，年均提高 2.59 个百分点，尤其 1990～1997 年上升趋势更加显著，风险投资份额年均增长率达到 23.32%。

五　广东省风险投资的行业分布特征及演变趋势

为了更为清晰地分析各产业内结构变化，尤其是制造业和服务业内部的演变特征，我们总结了广东省 1990～2017 年各行业风险投资数占风险投资总数比重的变化情况（以下简称“风险投资行业占比”），如图 2－16 所示。

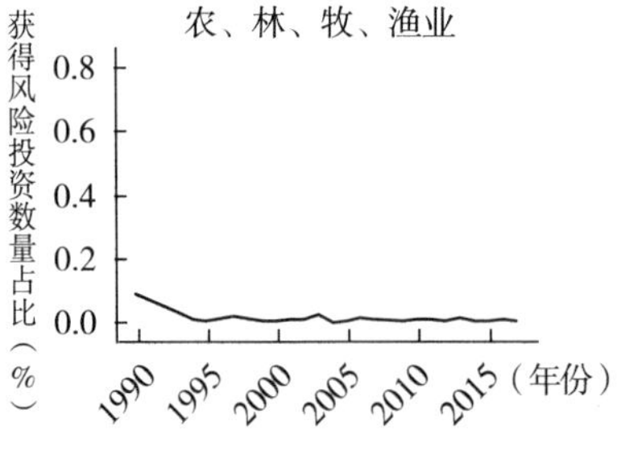

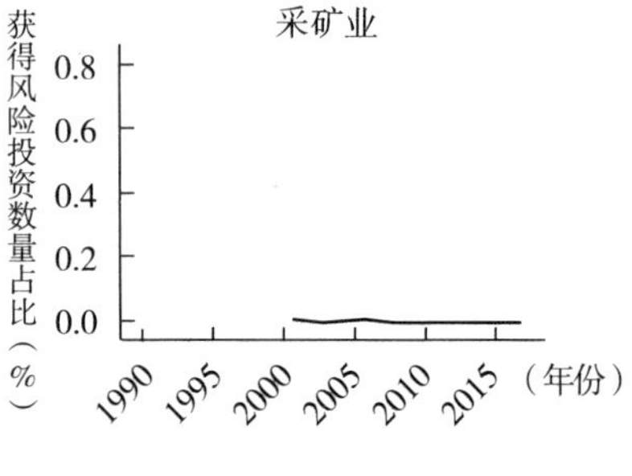

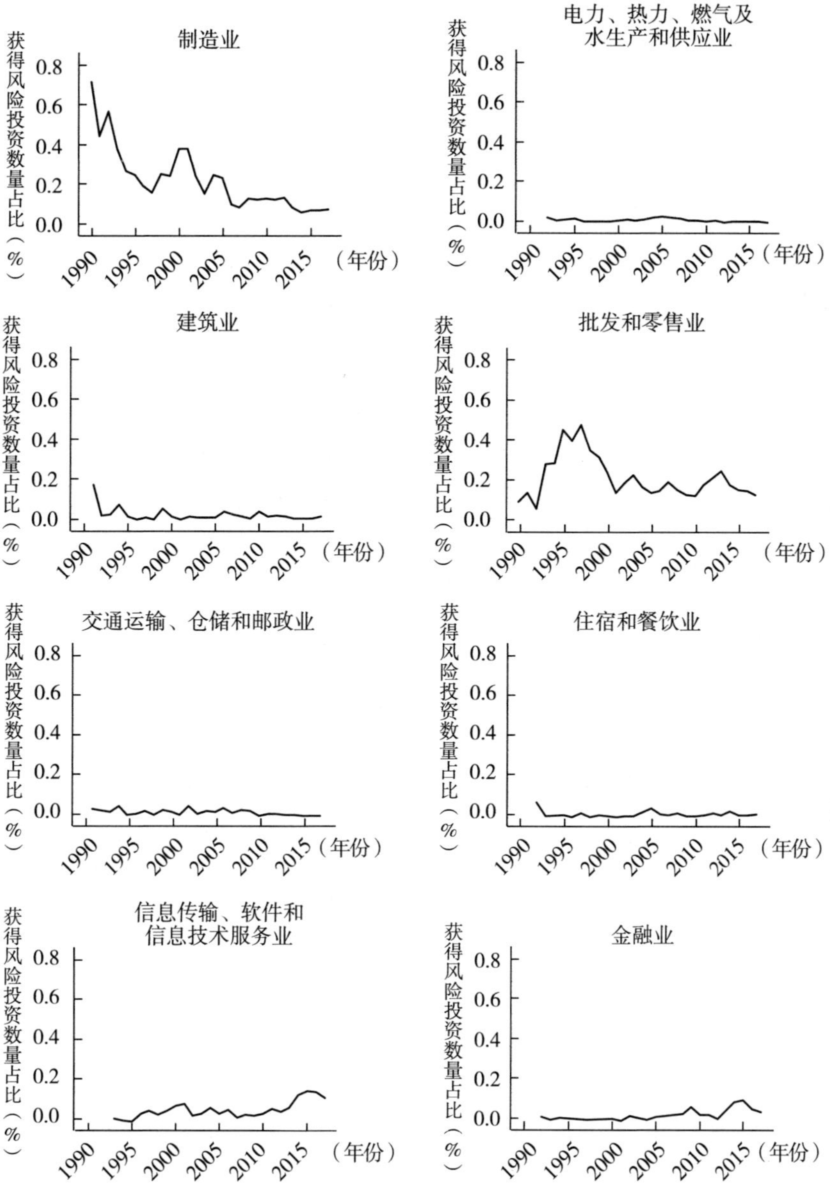
制造业
电力、热力、燃气及水生产和供应业
建筑业
批发和零售业
交通运输、仓储和邮政业
住宿和餐饮业
信息传输、软件和信息技术服务业
金融业
获得风险投资数量占比（%）
0.0
0.2
0.4
0.6
0.8
1990
1995
2000
2005
2010
2015
（年份）

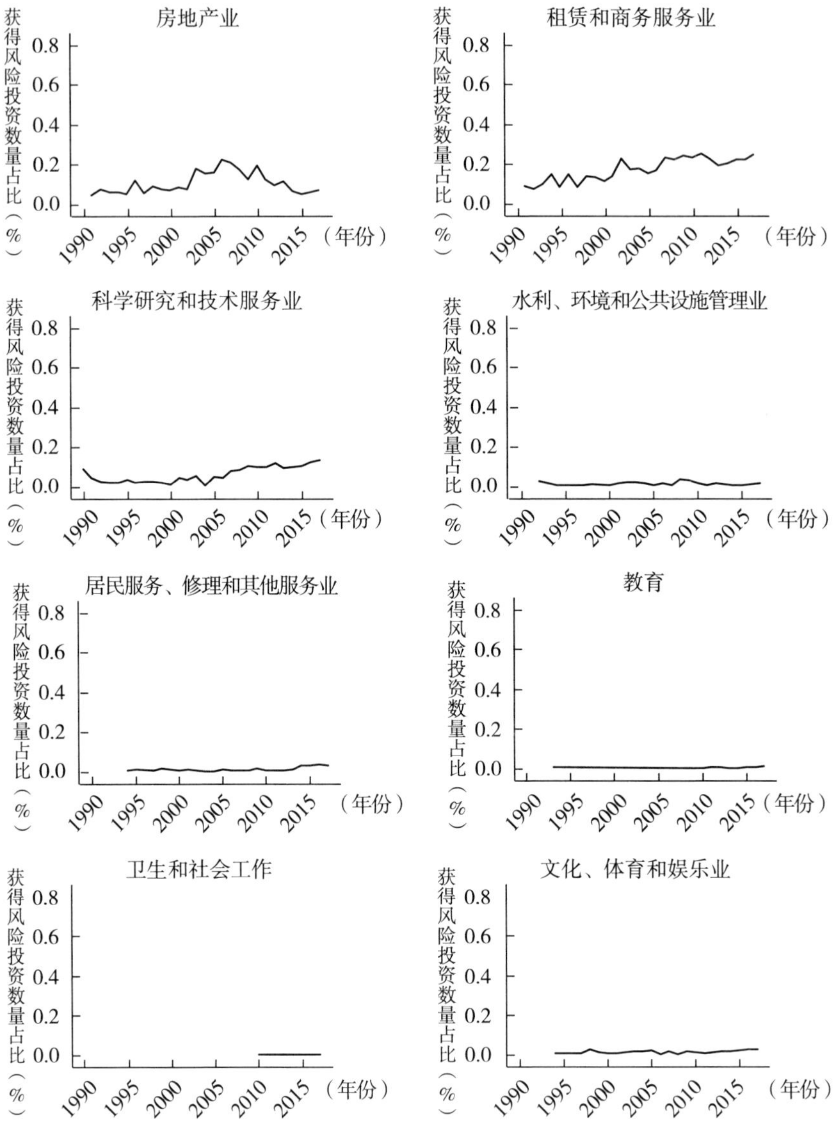

图 2－16　广东省 1990～2017 年各行业风险投资笔数份额变化

从图 2－16 中可以看出，1990 年以来，电力、热力燃气及水生产和供应，建筑业，交通运输、仓储和邮政业，教育，金融业，居民服务、修理和其他服务业，科学研究和技术服务业，农、林、牧、渔业，水利、环境和共设施管理业，文化、体育和娱乐业，住宿和餐饮业的风险投资行业占比较为稳定，基本维持在10%左右。房地产业、批发和零售业，制造业以及租赁和商务服务业风险投资行业占比波动较大。因此，我们绘制了图2－17～图2－20，分别对在制造业、房地产业、批发和零售业、租赁和商务服务业的风险投资占比变化细节做进一步分析。

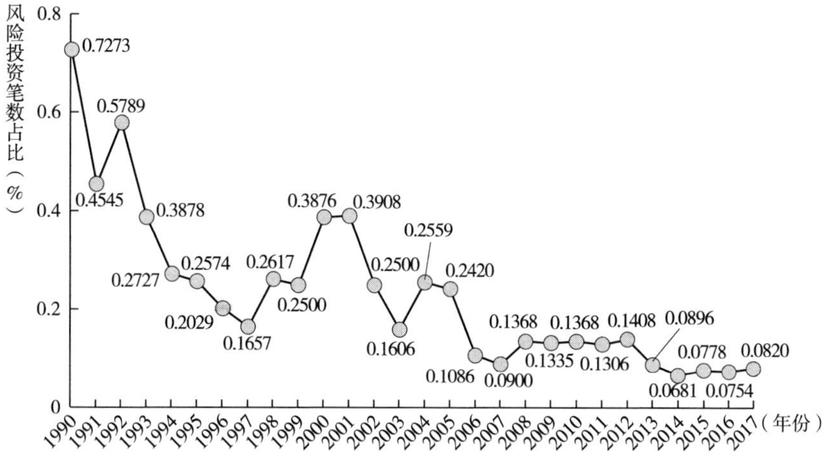

图2－17　广东省1990～2017年制造业风险投资笔数占比变化

图2－17反映了广东省1990～2017年制造业风险投资行业占比的变化情况。从图2－17中可以看出，整体上自1990年至今，制造业风险投资行业占比呈现波动下降趋势。从1990年的72.73%下降至2017年的8.2%，下降了64.53个百分点。分阶段来看，1990～1997年为波动下降阶段，制造业风险投资笔数占比从1990年的72.73%下降至1997年的16.57%，下降了56.16个百分点；1998～2007年为制造业风险投资笔数占比的一个波动阶段，两次上升后又逐渐回落，变化趋势显著。1997～2001年为波动上

升阶段，从 1997 年的 16.57% 上升至 2001 年的 39.08%，随后迅速下降至 2003 年的 16.06%，2004 年快速提升至 25.59%，2005 ~ 2007 年连续三年下降至 9.08%。2008 ~ 2017 年制造业风险投资行业占比变化不显著，较为平稳。

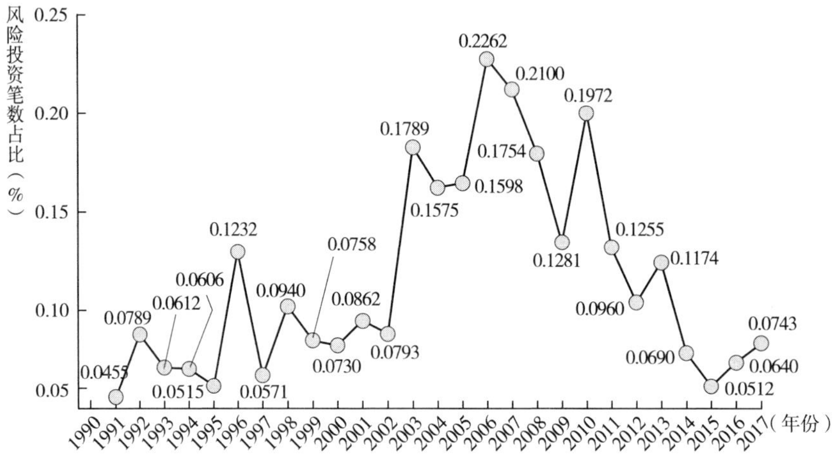

图 2-18　广东省 1991 ~ 2017 年房地产业风险投资行业占比变化

图 2-18 反映了广东省 1991 ~ 2017 年房地产业风险投资行业占比的变化情况。从图 2-18 中可以看出，整体上自 1990 年至今，房地产业风险投资行业占比呈现较大幅度的波动，整体呈“山”字形变化。分阶段来看，1991 ~ 2002 年为房地产业风险投资笔数占比波动变化阶段，1991 年的 4.55% 为该阶段的最低值，在 1996 年达到该阶段的峰值 12.32%；2002 ~ 2006 为波动上升阶段，这一阶段上升趋势显著，除 2004 年稍有回落之外，其余几年风险投资行业占比均在提升，直至 2006 年达到自 1990 年以来的峰值 22.62%；2007 ~ 2017 年为房地产业风险投资笔数占比波动下降阶段，虽在 2010 年、2013 年以及 2015 ~ 2017 年稍有回升，但整体来

看下降趋势十分明显，从 2007 年年初的峰值波动下降至 2017 年的 7.43%，曾在 2010 年短暂达到自 1990 年以来的次高峰值 19.72%。

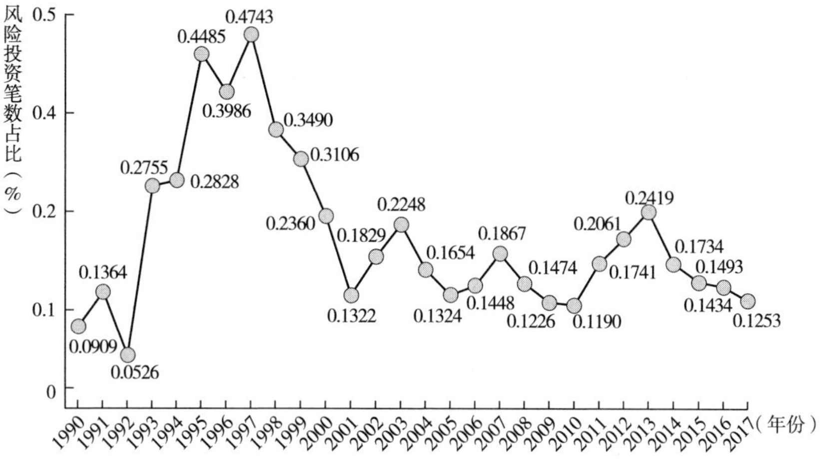

图 2－19　广东省 1990～2017 年批发和零售业风险投资行业占比变化

图 2－19 反映了广东省 1990～2017 年批发和零售业风险投资行业占比的变化情况。从图 2－19 中可以看出，整体上自 1990 年至今，批发和零售业风险投资行业占比呈现较大幅度的波动。从不同阶段看，可以分为一个上升阶段、一个下降阶段和一个波动阶段。上升阶段为 1990～1997 年，批发和零售业的风险投资行业占比从 1991 年的 9.09% 波动上升至 1997 年的 47.43%，提高了 38.34 个百分点，年均提升 5.47 个百分点，且 1997 年达到了 1990 年至今的峰值；连续下降阶段为 1998～2001 年，在这一阶段，批发和零售业的风险投资行业占比从 1998 年年初的 47.43% 下降至 2001 年的 13.22%，下降了 34.21 个百分点；2001～2017 年为批发和零售业风险投资笔数占比持续波动阶段，三次上升后又回落。

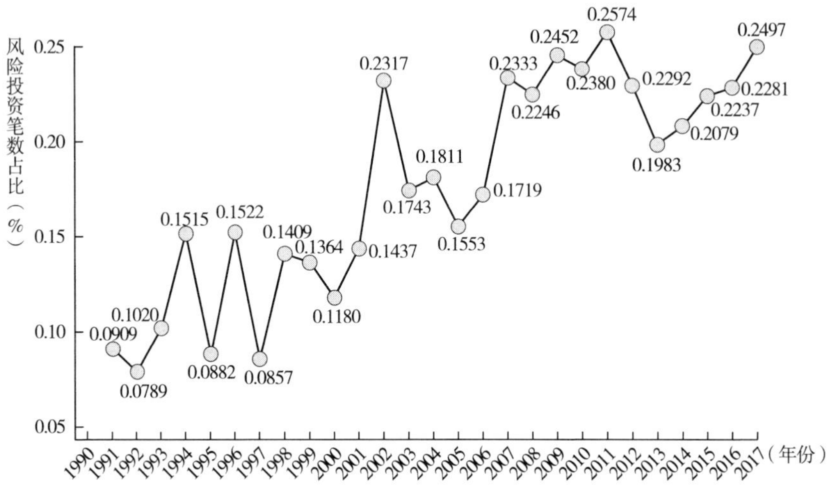

图 2－20　广东省 1990～2017 年租赁和商务服务业风险投资行业占比变化

图 2－20 反映了广东省 1990～2017 年租赁和商务服务业风险投资行业占比的变化情况。从图 2－20 中可以看出，整体上自 1990 年至今，租赁和商务服务业风险投资行业占比呈现波动上升趋势，且各阶段波动幅度明显。分阶段来看，1990～2000 年波动最为显著；2000～2002 年租赁和商务服务业风险投资笔数占比快速增长至 23.17%，随后在 2003～2005 年又波动下降至 15.53%；2005～2017 年租赁和商务服务业风险投资有两次上升阶段、一次下降阶段，第一次上升阶段为 2005～2011 年，从 2005 年的 15.53%波动上升至 2011 年的 25.74%，上升了 10.21 个百分点，且 2011 年达到了自 1990 年以来的峰值，随后在 2011～2013 年又连续两年下降至 19.83%，2014～2017 年为另一上升阶段，从 2014 年年初的 19.83%上升至 2017 年的 24.97%，提升了 5.14 个百分点，年均提升 1.71 个百分点。

六　广东省风险投资的区域分布特征及演变趋势

由于广东省各地区发展差异较大，为了更为直观地对比分析各地级市吸引风险投资的分布特征及演变趋势，我们绘制了广东省 21 个地级市 1990～2017 年风险投资笔数及其占比变化情况，如图 2－21 所示。

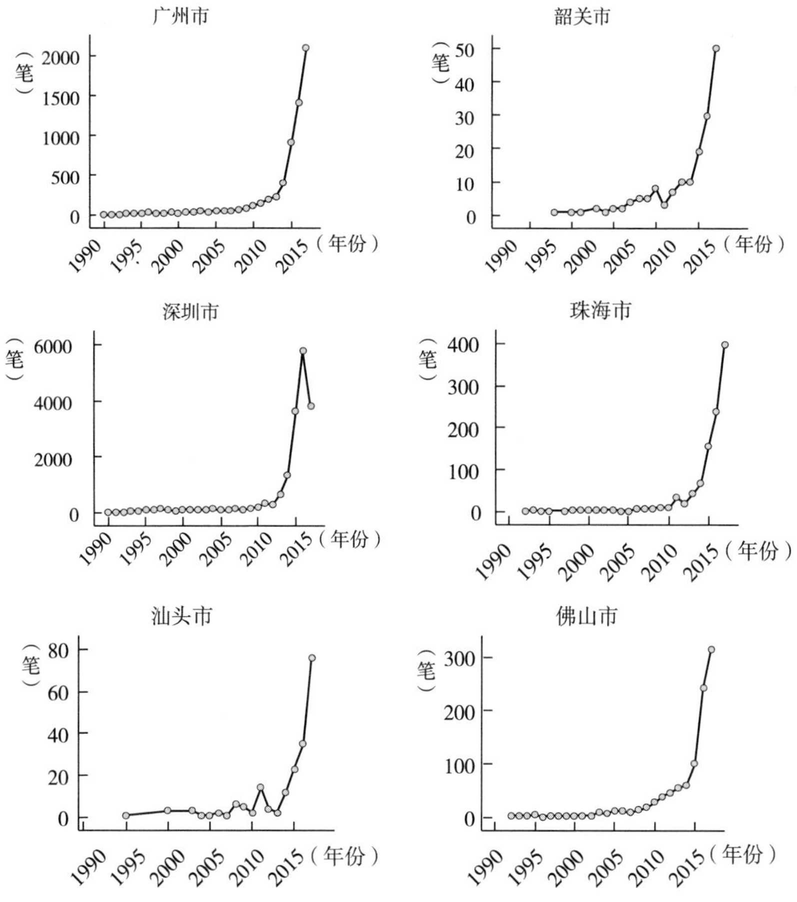

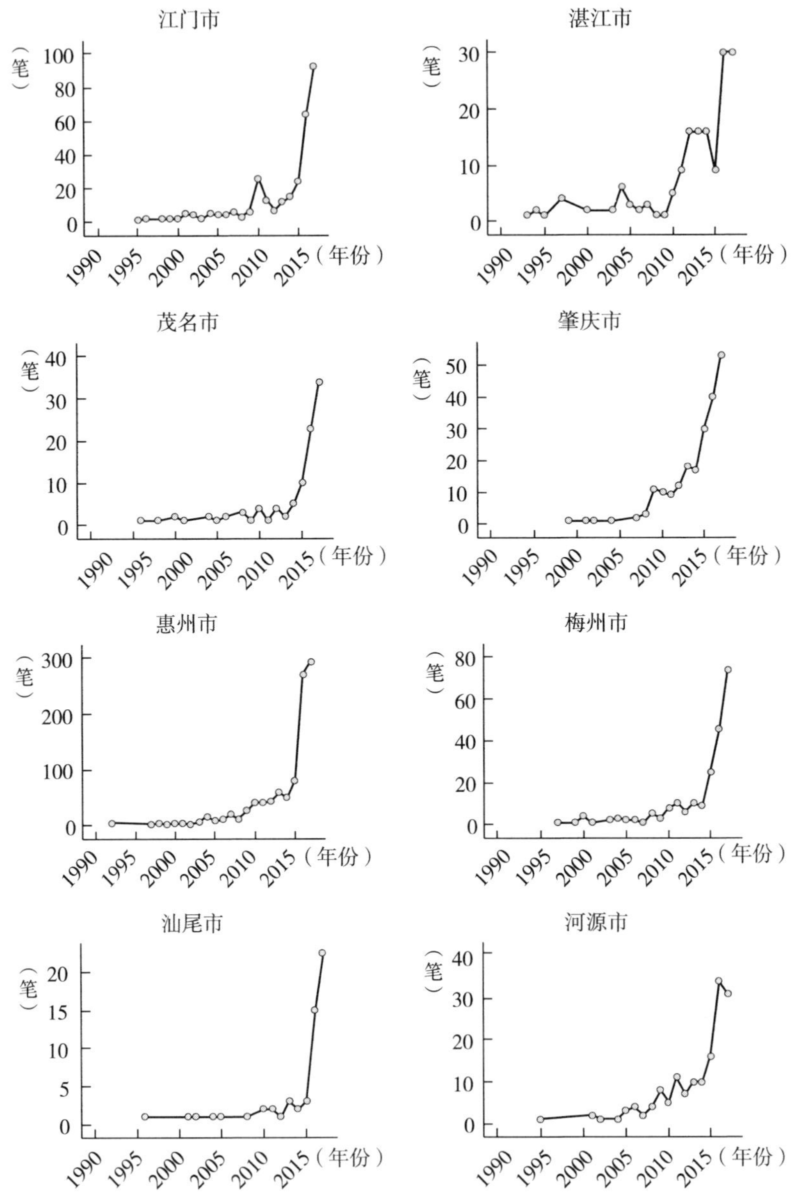
江门市
湛江市
茂名市
肇庆市
惠州市
梅州市
汕尾市
河源市
（笔）
1990
1995
2000
2005
2010
2015
（年份）

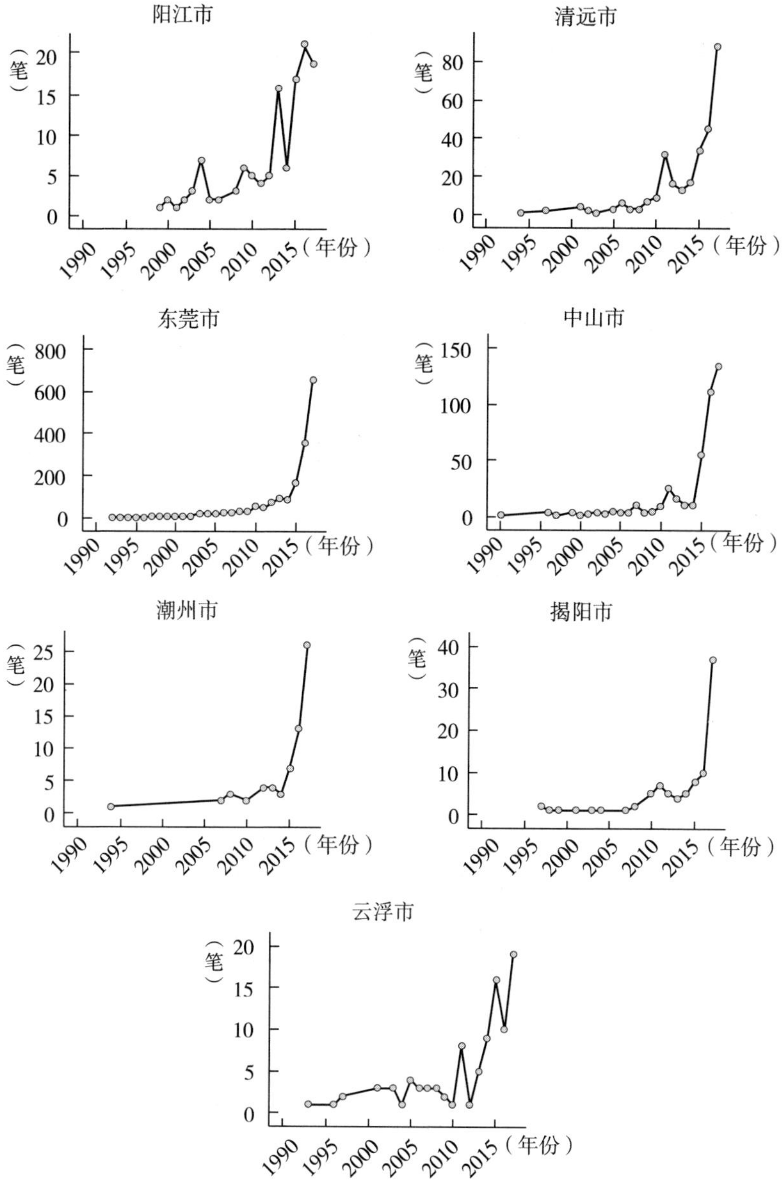

图 2－21　广东省 21 个地级市 1990～2017 年吸引风险投资笔数变化

图 2－21 反映了广东省 21 个地级市 1990～2017 年吸引风险投资笔数的变化情况。从总体变化趋势可以看出，其中，广州市、韶关市、深圳市、珠海市、汕头市、佛山市、茂名市、惠州市、梅州市、汕尾市、东莞市、中山市、潮州市、揭阳在 1990～2017 年吸引风险投资数量呈现上升趋势，但在 1990～2012 年上升幅度不大，在 2013～2017 年呈现迅速上升趋势；深圳市吸引风险投资笔数在 2015～2017 年下降明显；江门市、河源市、肇庆市、湛江市、阳江市、清远市、云浮市在 1990～2017 年吸引风险投资笔数呈现波动上升趋势，在 1990～2013 年，出现较大程度的波动，其波动程度在 2010～2015 年尤为明显。

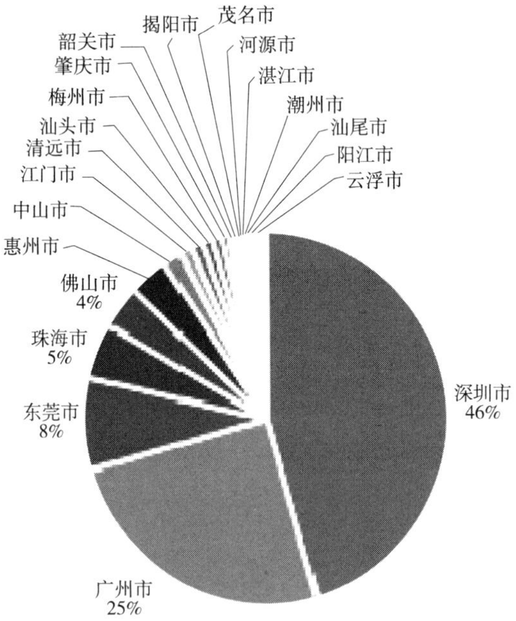

图 2－22　广东省 21 个地级市 2017 年吸引风险投资数量占比

图 2－22 反映了广东省 21 个地级市 2017 年吸引风险投资数量占比情况。可以看出，2017 年吸引风险投资数量位于全省前 5 的依次为：

深圳市、广州市、东莞市、珠海市、佛山市，其吸引风险投资数量占全省吸引风险投资总量之比分别为46%、25%、8%、5%、4%。进一步分析，可以发现，排名第一的深圳市的风险投资数量占比46%，超过广州市、东莞市、珠海市和佛山市吸引风险投资数量占比的总和42%，而排名前5的城市吸引风险投资数量的总和达到88%。

七 小结

本篇从外来投资和风险投资视角，通过对投资企业的产业分布、行业分布以及地区分布特征进行分析，具体总结为以下七个方面的规律。

第一，对广东省外来投资的产业分布特征及演变趋势进行分析，发现随着广东省经济日益发展，广东省吸引外来投资的能力在三大产业中均有提升。具体而言：（1）第一产业的外来投资笔数显著增加，主要发生于2009年之后，尤其是2013年以来，外来投资笔数的年增长率达到21.11%，并且在2017年达到了自1990年以来的高峰，外来投资笔数达到71笔。（2）第二产业的外来投资笔数的持续增长出现在2015年之后，年均增长率达到28.64%，2017年达到了1990年以来的高峰，外来投资笔数达到1395笔。总体上第二产业的外来投资笔数大于第一产业。（3）第三产业从外来投资笔数的绝对数看，远超过第一、第二产业的总和，尤其是自2012年以来，第三产业外来投资笔数的年平均增长率达到47.77%，2017年更是达到了自1990年以来的高峰，第三产业外来投资笔数达到近13570笔。

第二，对广东省外来投资的行业分布特征及演变趋势进行分析，发现制造业、批发和零售业、科学研究和技术服务业在各时期占比均较高，且在不同时间的波动较大，而其他行业的新增专利数量占比则较低，且变化较为平稳。具体而言：（1）制造业外来投资笔数行业占比呈波动下降的趋势，从不同阶段看，1990～1996年制造业外来投资笔数行业占比下降趋势显著，从1990年的49.66%下降至1996年的10.93%，下降了38.73个百分点。1996～2002年，制造业外来投资笔数行业占比从10.93%提高至24.41%，但随后制造业外来投资笔数行业占比出现了波动下降的趋势，直到2016年下降至最低点5.15%，相比于1990年的峰值49.66%下降了44.51个百分点。（2）批发和零售业外来投资笔数行业占比先后经历了1990～1997年的上升阶段，从28.86%提高至61.13%，1998～2001年和2014～2016年的下降阶段，下降幅度分别达到了38.1个百分点和4.33个百分点，以及2001～2013年的波动阶段，这一阶段的外来投资笔数行业占比基本维持在25.52%左右。（3）租赁和商务服务业外来投资笔数行业占比呈波动上升的趋势。从不同阶段看，1990～2005年租赁和商务服务业行业占比呈现较为稳定的上升趋势，随后在2006～2007年迅速下降至16.92%，又在2008～2017年持续波动上升，并在2016年达到自1990年以来的峰值34.34%。

第三，对广东省外来投资的区域分布特征及演变趋势进行分析，发现外来投资笔数在广东省大部分城市呈现波动上升的趋势，其中，深圳市、广州市、珠海市、佛山市、东莞市是广东省对外来投资最有吸引力的城市。尤其是深圳市，其2017年外来投资笔数占全省外来投资笔数总数的51%，其余4个城市外来投资笔数占全省外来投资笔数总数的比例依次为19%、15%、4%、3%，排名前5的城市外来投资笔数占比总和达到92%，可以发现，广东省各市吸引外来投资笔数能力呈现两极分化状态。

第四，对广东省风险投资的产业分布特征及演变趋势进行分析，发现随着广东省经济日益发展，广东省吸引外来投资的能力在三大产业中均有提升。具体而言，自1990年以来：（1）第一产业风险投资份额一直较低，且变化趋势不明显，平均风险投资笔数份额仅为1.55%。（2）第二产业风险投资份额呈现波动下降趋势，自1990年的72.73%下降到2017年的11.08%，年均下降了2.28个百分点。1990～1997年下降趋势尤为明显。（3）第三产业风险投资份额的变化趋势与第二产业相反，呈现出波动上升的趋势，自1990年的18.18%上升至2017年的88.13%，年均提高了2.59个百分点，尤其1990～1997年上升趋势更加显著，风险投资份额年均增长率达到23.32%。

第五，对广东省风险投资的行业分布特征及演变趋势进行分析，发现大部分行业的风险投资行业占比基本维持在10%左右，仅有房地产业、批发和零售业、制造业、租赁和商务服务业风险投资行业占比波动较大。具体而言：（1）制造业风险投资行业占比呈现波动下降趋势。从1990年的72.73%波动下降至2017年的8.2%，下降了64.53个百分点。（2）批发和零售业风险投资行业占比呈现较大幅度的波动。1990～1997年为上升阶段，从1990年的9.09%波动上升至1997年的47.43%；1998～2001年为连续下降阶段，从1998年年初的47.43%下降至2001年的13.22%，，随后2001～2017年为批发和零售业风险投资笔数占比持续波动阶段，三次上升后又回落。（3）租赁和商务服务业风险投资行业占比呈现波动上升趋势，且各阶段波动幅度明显。其中，1990～2005年波动最为剧烈；随后2005～2017年租赁和商务服务业风险投资有两次上升阶段、一次下降阶段。（4）房地产业风险投资行业占比呈现较大幅度的波动，整体呈“山”字形变化。1991～2002年为房地产业风险投资笔数占比波动变化阶段，并在1996年达到该阶段的峰值12.32%；2002～2006年呈现显著上升趋势，达到200年的22.62%；2007～2017年为房地产业风险投资笔数占比波动下降阶段，虽在2010年、2013年以及2015～2017年稍有回升，但整体从2007年年初的峰值波动下降至2017年的7.43%。

第六，对广东省外来投资的区域分布特征及演变趋势进行分析，发现风险投资笔数在广东省大部分城市呈现出波动上升的趋势，其中，深圳市、广州市、东莞市、珠海市、佛山市是广东省对外来投资最有吸引力的城市。位于全省前5的城市，其吸引风险投资数量占全省吸引风险投资总量之比分别为46%、25%、8%、5%、4%。而湛江市、阳江市、云浮市在1990～2017年吸引风险投资笔数呈现波动上升趋势，尤其在2010～2015年出现较大程度的波动。

第七，对比广东省外来投资和风险投资的情况看，广东省城市间两极分化较为严重。由于外来投资尤其是风险投资，对于高新技术产业中的中小企业发展至关重要，而深圳市、广州市、珠海市、佛山市、东莞市这5个城市无论是吸引外来投资还是风险投资的能力都远远高于其他城市，且这5个城市的外来投资和风险投资笔数占比分别达到了92%和88%。

创新篇

本篇将专利和注册商标数作为创新的产出指标，来衡量企业的创新能力，并据此反映行业或地区的创新能力。根据《中华人民共和国专利法》，专利可以分为发明专利、实用新型专利和外观设计专利。其中，发明是指产品、方法或者其改进所提出的新的技术方案；实用新型专利是指对产品的形状、构造或者其结合所提出的适于使用的新的技术方案；外观设计专利是指对产品的形状、图案或者其结合以及色彩与形状、图案的结合所做出的富有美感并适于工业应用的新设计。根据《中华人民共和国商标法》，注册商标是指经商标管理机构依法核准注册的商标。商标的注册需具备法定条件和经法定程序，并且商标一经注册便获得使用注册商标的专有权和排斥他人在同一种商品或者类似商品上使用与其注册商标相同或者近似的商标的禁止权。

使用专利和注册商标数衡量创新能力的优势在于：第一，专利和注册商标数据可以直观表示企业创新的成果与产出；第二，专利和注册商标数指标便于量化，数据获取容易，且由于其界定清晰，具有客观性和可比性。因此，本篇中，分别对广东省专利数和注册商标数的产业分布特征及演变趋势、行业分布特征及演变趋势、区域分布特征及演变趋势进行逐一分析，更好地总结广东在创新过程中的经验与不足。

一 广东省专利数的产业分布特征及演变趋势

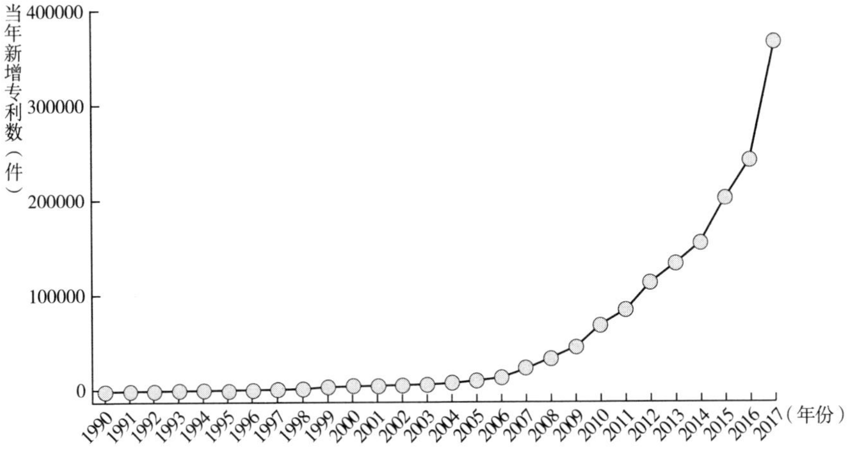

图 3－1 广东省 1990～2017 年的专利数量变化

从图 3－1 可以看出，广东省专利数量 1990～2017 年一直是增长的趋势，只是在 1990～2005 年增长趋势相对不是非常明显，而在 2006 年后专利数量增长速度越来越快。尤其在 2017 年增长趋势非常明显。

图 3－2 反映了广东省 1990～2017 年第一产业专利数量的变化情况。可以看出，1990～2008 年，专利数量处于较低水平，年均仅有 30.16 件，而在 2009 年之后开始呈现显著增加趋势，年均增长率达到 33.54%，尤其是自 2014 年之后，创新创业的蓬勃发展带来专利数量的激增，年均增长率更是达到了 40.49%，并在 2017 年达到了自 1990 年以来的高峰，专利数量达到近 1345 件。

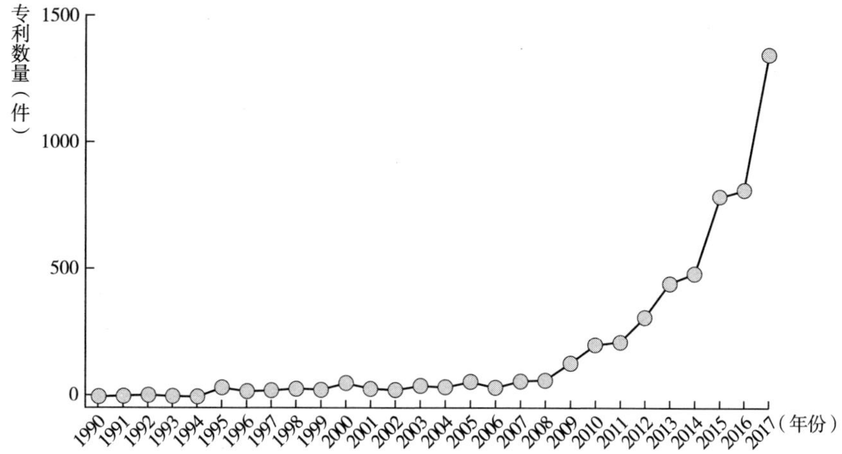

图 3－2　广东省 1990～2017 年第一产业专利数量变化

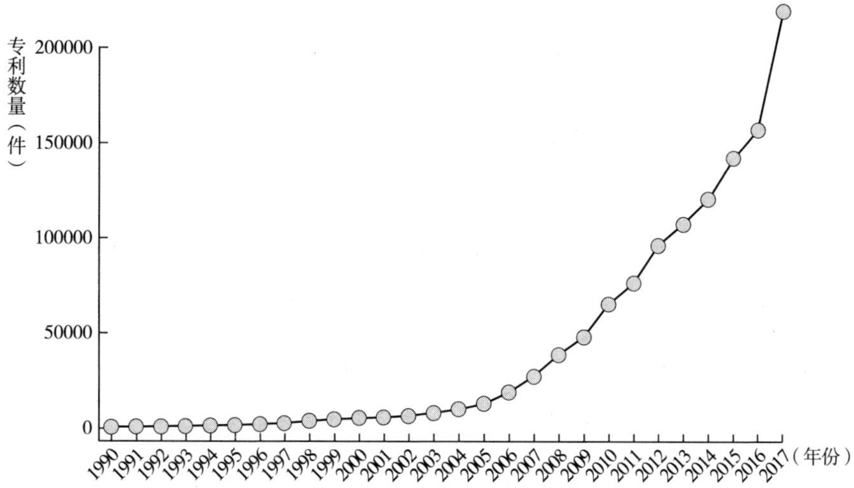

图 3－3　广东省 1990～2017 年第二产业专利数量变化

图 3－3 反映了广东省 1990～2017 年第二产业专利数量的变化情况。可以看出，1990～2006 年，专利数量处于较低水平，年均仅有 4771.71 件，而在 2007 年之后开始呈现显著增加趋势，年均增长率达到 14.02%，尤其是自 2017 年创新创业的蓬勃发展带来

专利数量的激增，较 2016 年增长了 40.19%，并达到了自 1990 年以来的高峰，专利数量达到 220097 件。

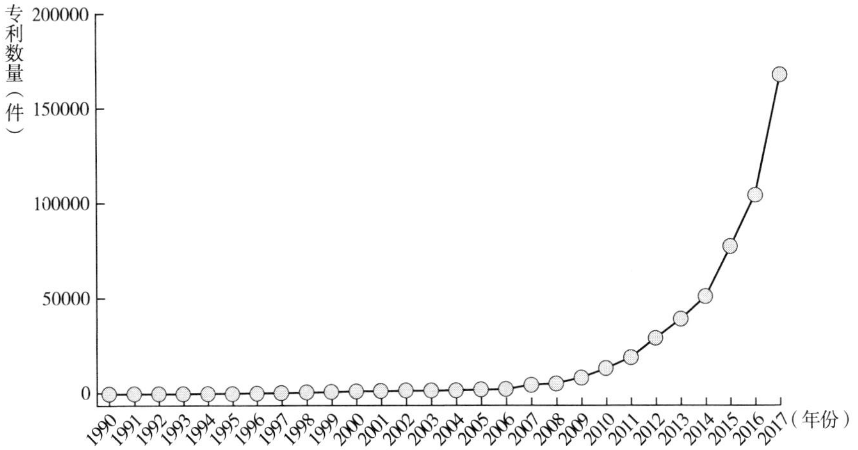

图 3－4　广东省 1990～2017 年第三产业专利数量变化

图 3－4 反映了广东省 1990～2017 年第三产业专利数量的变化情况。可以看出，1990～2008 年，专利数量处于较低水平，年均仅有 1393.58 件，而在 2009 年之后开始呈现显著增加趋势，年均增长率达到 45.09%，尤其是自 2014 年之后，创新创业的蓬勃发展带来专利数量的激增，年均增长率更是达到了 48.46%，并在 2017 年达到了自 1990 年以来的高峰，专利数量近 167342 件。

图 3－5 反映了广东省 1990～2017 年三次产业新增专利数占三大产业新增专利总数比重（以下简称“新增专利份额”）的变化情况。从图 3－5 中可以看出：

（1）整体上，自 1990 年以来，第一产业新增专利份额一直较低，年均份额仅为 0.50%，而第二产业新增专利份额则一直是三大产业中的专利份额占比最高的，年均份额达到 78.25%。

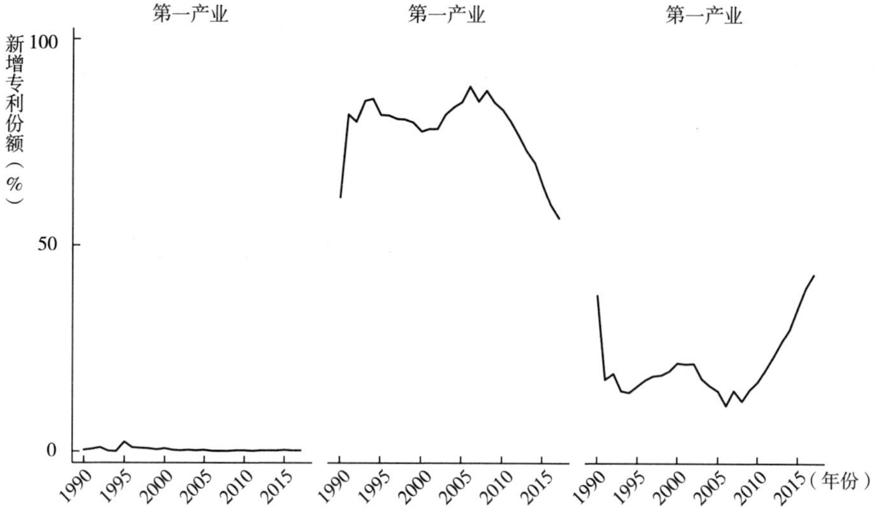

图 3－5　广东省 1990～2017 年分行业专利份额变化

（2）自 1990 年以来，第二产业新增专利份额的波动呈现先上升、后平稳波动、再下降的三个阶段。其中，第一阶段为 1990～1995 年，新增专利份额呈现不断上升的趋势，自 1990 年的 61.65% 上升至 1995 年的 81.65%，年均增长率达到 4%；第二阶段为 1996～2008 年，其间新增专利份额呈现平稳波动趋势，其波动幅度较小，基本稳定在 82.12% 左右；第三阶段为 2009～2017 年，这一阶段新增专利份额呈现较大的下降，自 2009 年的 84.65% 下降至 2017 年的 56.61%，下降了 28.04 个百分点。

（3）自 1990 年以来，第三产业新增专利份额的变化与第二产业形成反向波动趋势，同样也可以分为三个阶段。其中，第一阶段为 1990～1995 年，新增专利份额呈现不断下降的趋势，自 1990 年的 37.97% 下降至 1995 年的 15.99%，下降了 21.98 个百分点；第二阶段为 1996～2008 年，其间新增专利份额呈现平稳波动趋势，其波动幅度较小，基本稳定在 17.38% 左右；第三阶段为 2009 ~ 2017 年，这一阶段新增专利份额呈现了较大的上升，自 2009 年的 15.11%，上升至 2017 年的 43.04%，年均增长率达到 3.49%。

二　广东省专利数的行业分布特征及演变趋势

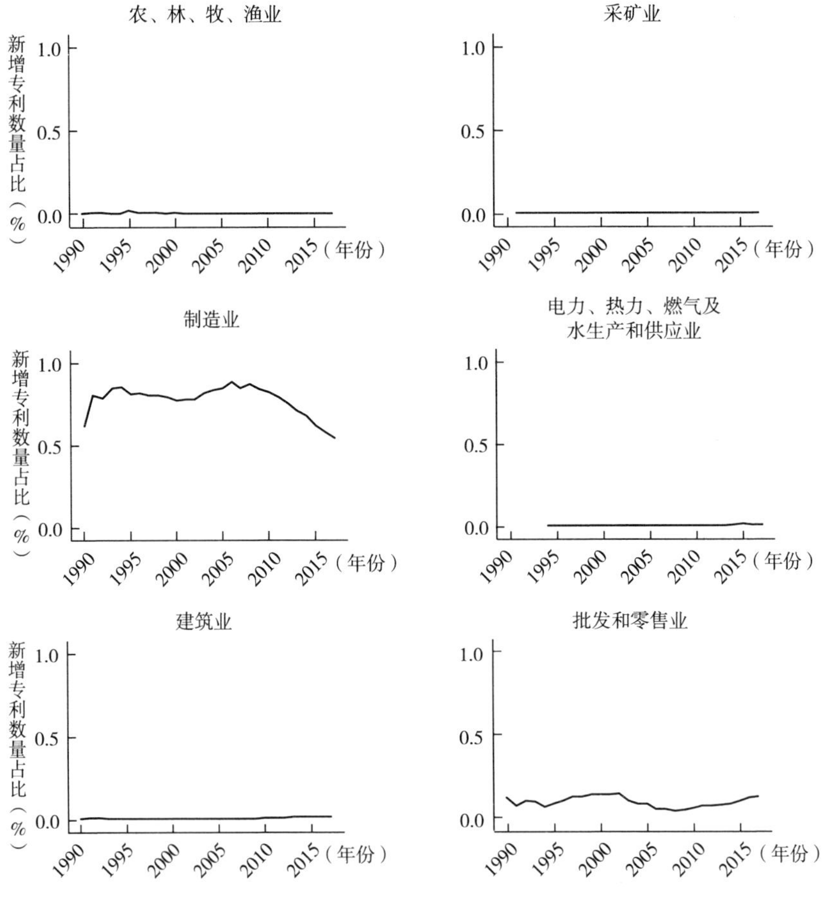

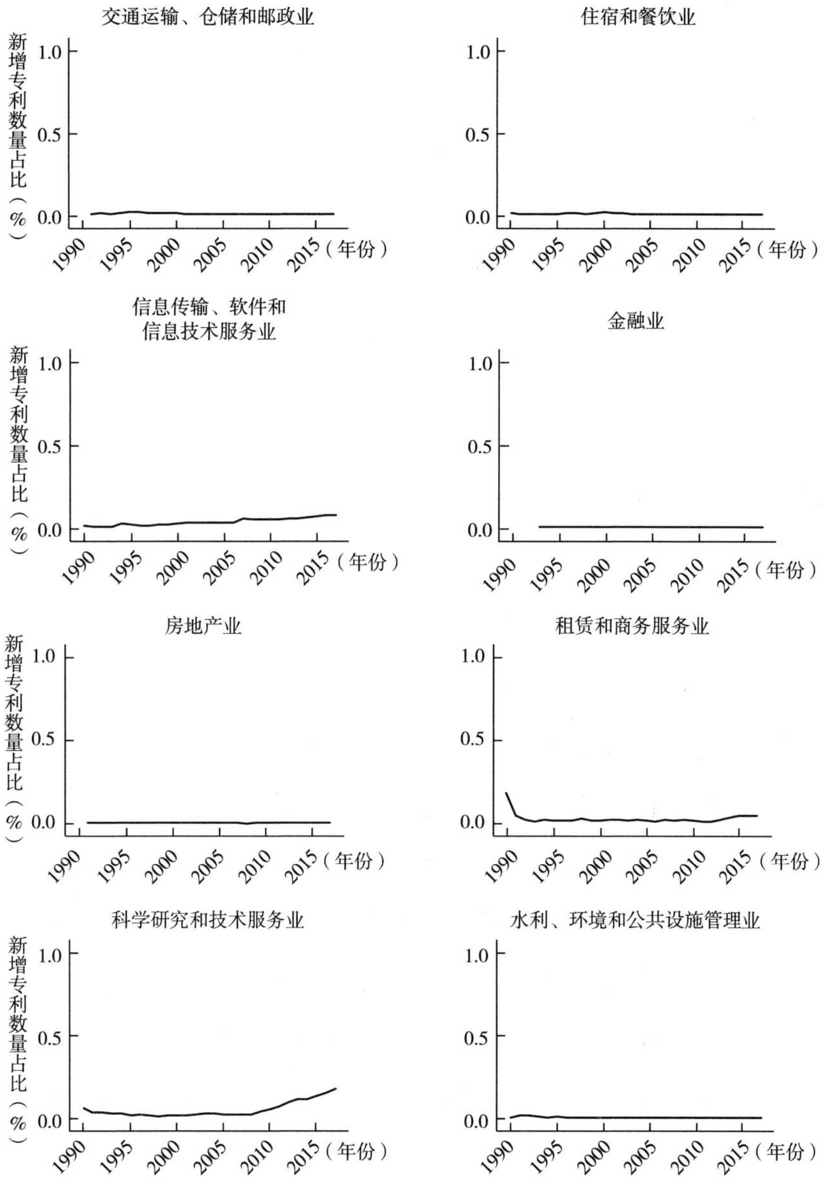

交通运输、仓储和邮政业
住宿和餐饮业
信息传输、软件和信息技术服务业
金融业
房地产业
租赁和商务服务业
科学研究和技术服务业
水利、环境和公共设施管理业
新增专利数量占比（%）
1.0
0.5
0.0
1990
1995
2000
2005
2010
2015
（年份）

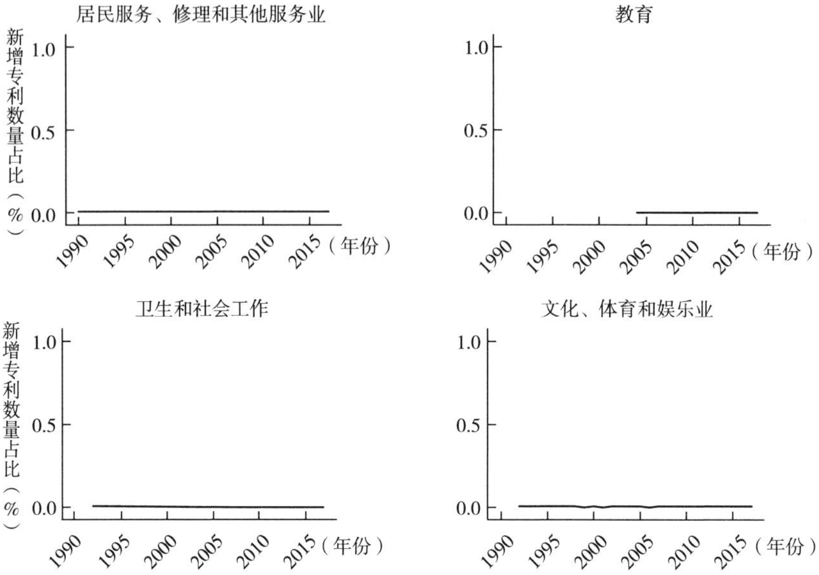

图 3－6　广东省 1990～2017 年各行业新增专利数量占比变化

为了对第二产业和第三产业内部的结构变化做进一步的分析，图 3－6 展示了广东省 1990～2017 年各行业新增专利数占全部行业专利总数量比重（以下简称“新增专利数量占比”）的变化情况。

从图 3－6 中，我们可以看出，制造业、批发和零售业、科学研究和技术服务业在各时期占比均较高，且在不同时间的波动较大，而其他行业的新增专利数量占比则较低，且变化较为平稳。因此，我们绘制了图 3－6～图 3－8，分别对制造业、批发和零售业、科学研究和技术服务业的新增专利数量占比做进一步分析。

图 3－7 反映了广东省 1990～2017 年制造业新增专利数量占比的变化情况。可以看出，整体上自 1990 年至今，制造业新注册企业行业占比呈现先上升、后平稳波动、再下降的趋势。其规律表现为：（1）1990～1994 年处于上升阶段，其间制造业新增专利数

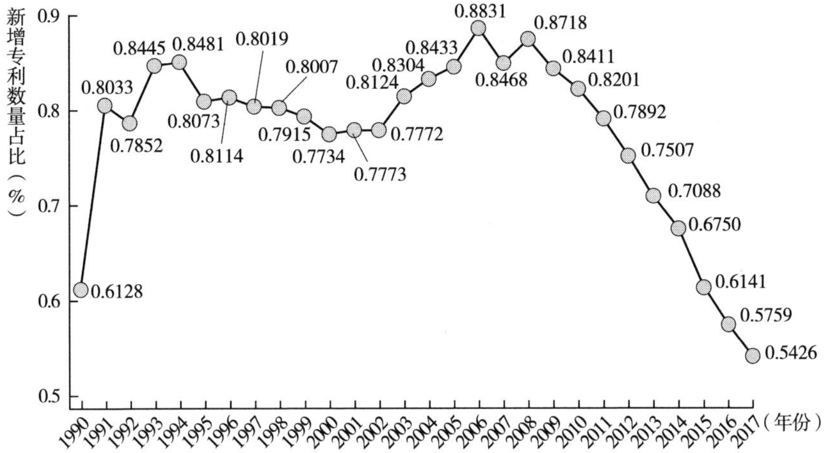

图 3－7　广东省 1990～2017 年制造业新增专利数量占比变化

量占比从 61.28% 上升至 84.81%，提高了 23.53 个百分点，年均增长 5.88 个百分点，增长势头迅猛。（2）1995～2008 年处于平稳波动时期，虽然期间在一些年份出现了小幅的上升或下降，但总体上新增专利数量占比经历了一段时间的停滞，保持在 81.63% 左右，并且在 2006 年达到了自 1990 年以来的高峰，这一年新增专利数量占比达到 88.31%。（3）2009～2017 年处于逐步下降阶段，制造业新增专利数量占比从 84.11% 下降至 54.26%，下降了 29.85 个百分点，年均下降 3.73 个百分点，当前制造业新增专利数量占比甚至已经低于 1990 年水平。

图 3－8 反映了广东省 1990～2017 年批发和零售业新增专利数量占比的变化情况。可以看出，整体上自 1990 年至今，批发和零售业新增专利数量占比呈现较大幅度的波动。从不同阶段看，可以分为两个上升阶段和两个下降阶段。其规律表现为：（1）上升阶段分别为 1994～2002 年和 2008～2017 年。1994～2002 年，批发

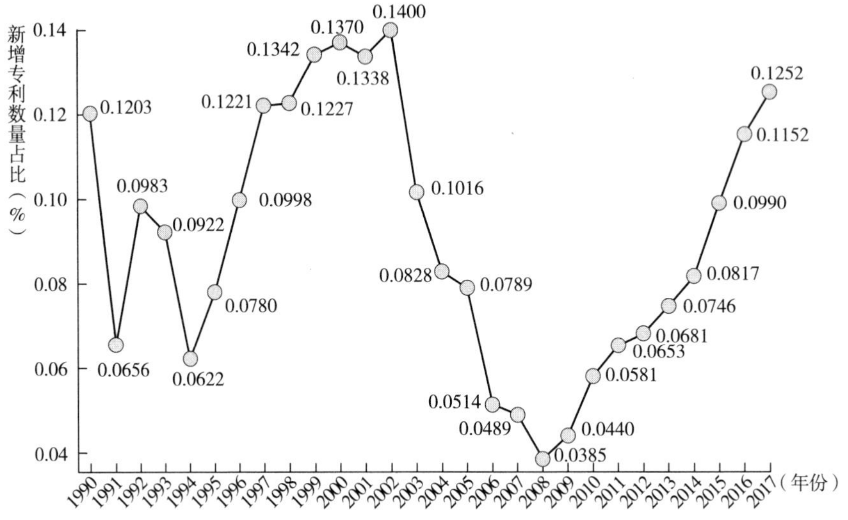

图 3－8　广东省 1990～2017 年批发和零售业新增专利数量占比变化

和零售业新增专利数量占比从 6. 22% 上升至 14. 00% ，提高了 7. 78 个百分点，年均增长 0. 97 个百分点，且 2002 年成为批发和零售业新增专利数量占比最高的年份；在 2008～2017 年，批发和零售业新增专利数量占比从 3. 88% 上升至 12. 54% ，提高了 8. 66 百分点，年均增长 0. 96 个百分点。（2）下降阶段分别为 1990～1994 年和 2002～2008 年。1990～1994 年，批发和零售业新增专利数量占比从 12. 03% 下降至 6. 22% ，下降了 5. 81 个百分点，年均下降 1. 45 个百分点，虽然期间经历短暂的起伏，但持续时间较短，波动幅度较小；2002～2008 年，是批发和零售业新增专利数量占比持续下降时间最长的阶段，占比从 14. 00% 下降至 3. 88% ，下降了 10. 12 个百分点，年均下降 1. 68 个百分点，且 2008 年成为批发和零售业新增专利数量占比最低的年份。

图 3－9 反映了广东省 1990～2017 年科学研究和技术服务业新

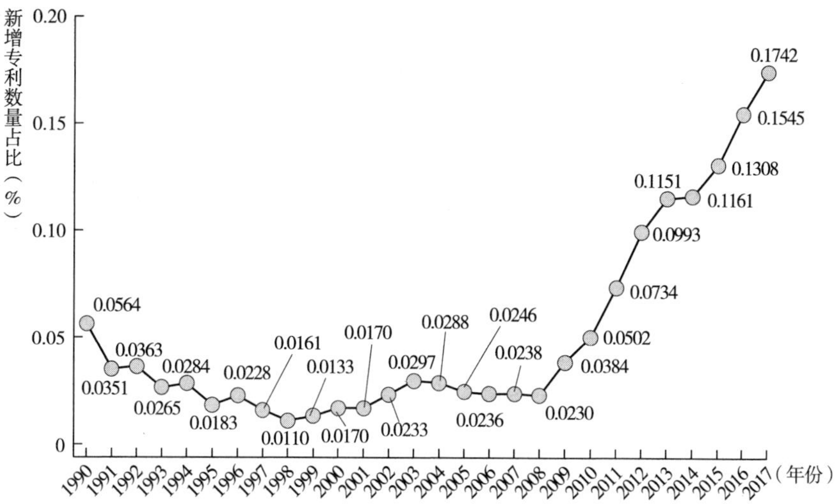

图 3－9　广东省 1990～2017 年科学研究和技术服务业新增专利数量占比变化

增专利数量占比的变化情况。可以看出，整体上自 1990 年至今，科学研究和技术服务业新增专利数量占比呈现波动上升的趋势。从不同阶段看，仅在 1990～1998 年出现过小幅下降，但随后经历了近 20 年的持续增长。大致上，可以根据占比增长情况将其分为三个阶段。其中，第一阶段为 1990～1998 年，这期间科学研究和技术服务业新增专利数量占比出现了小幅下降，从 1990 年的 5.64% 下降至 1998 年的 1.10%，下降了 4.54 个百分点；第二个阶段为 1999～2008 年，这一阶段的科学研究和技术服务业新增专利数量占比在平稳波动中缓慢上升，从 1999 年的 1.33% 上升至 2008 年的 2.30%，虽然仅上升了 0.97 个百分点，却为后期的专利数量占比的持续增长积蓄了力量；最后一个阶段为 2009～2017 年，其间科学研究和技术服务业新增专利数量占比持续大幅度上升，从 2009 年的 3.84% 上升至 2017 年的 17.42%，达到 1990 年至今的最高点，共计增长了 13.58 个百分点，年均增长幅度达到 1.70%，科学研究和技术服务业新增专利数量占比的持续攀升，说明了广东省科学技术的理论水平与实践水平都在近年来得到了很大的提升。

三　广东省专利数的区域分布特征及演变趋势

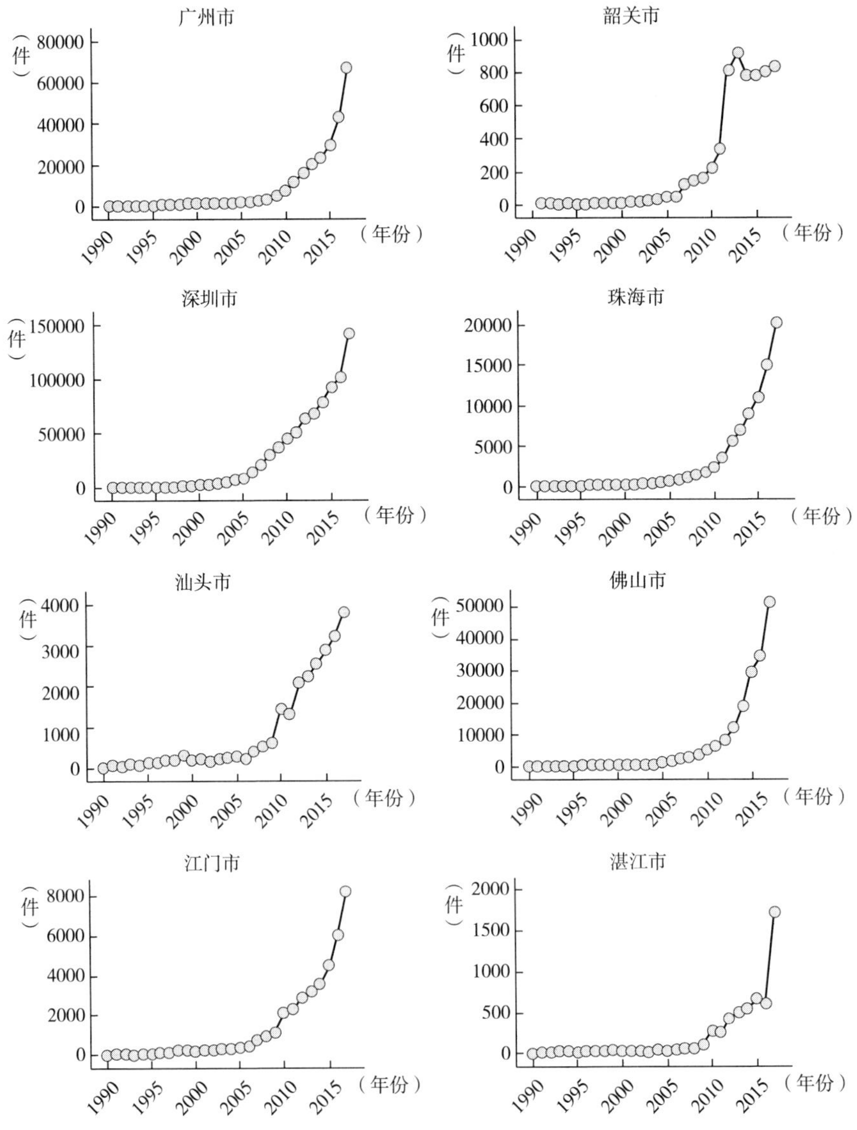

茂名市

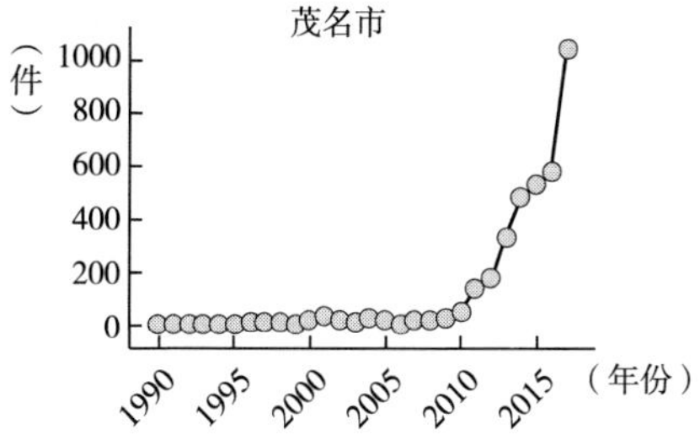

肇庆市

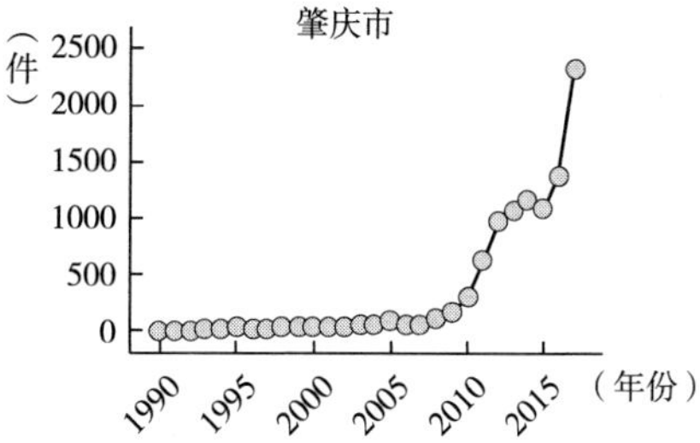

惠州市

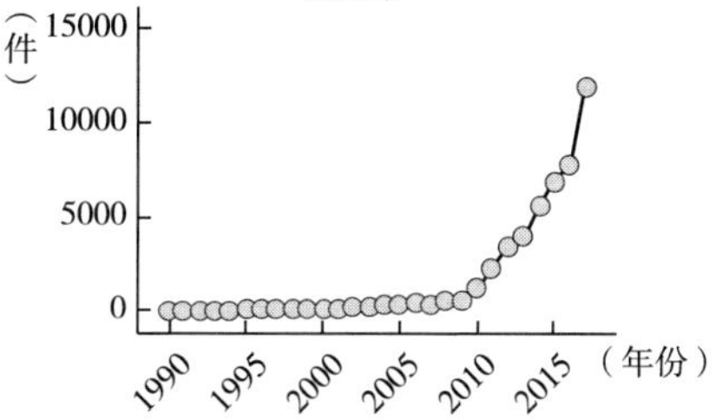

梅州市

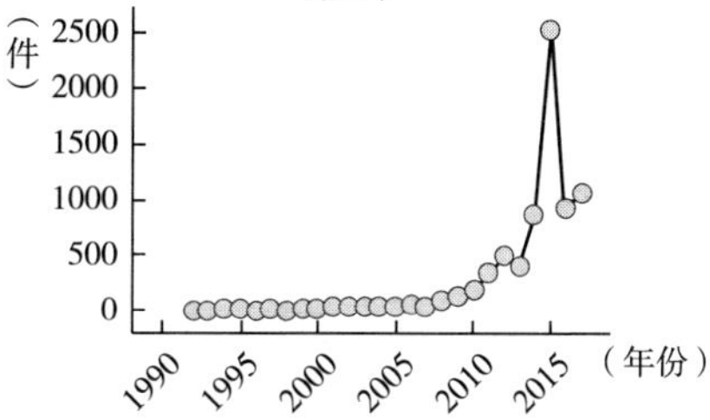

汕尾市

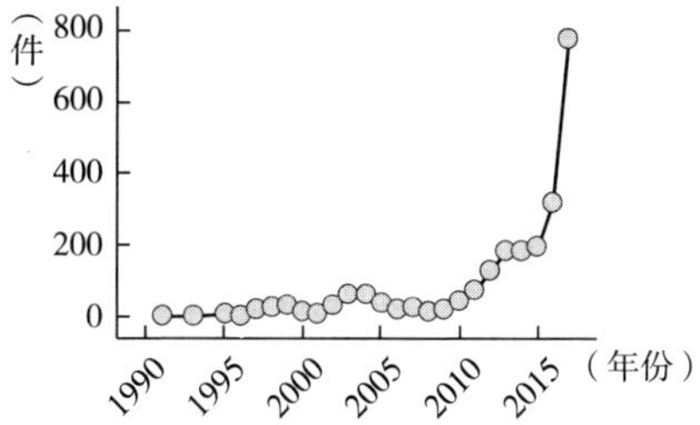

河源市

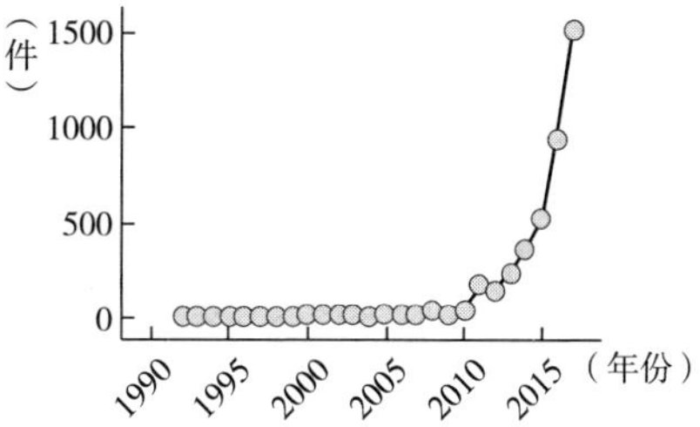

阳江市

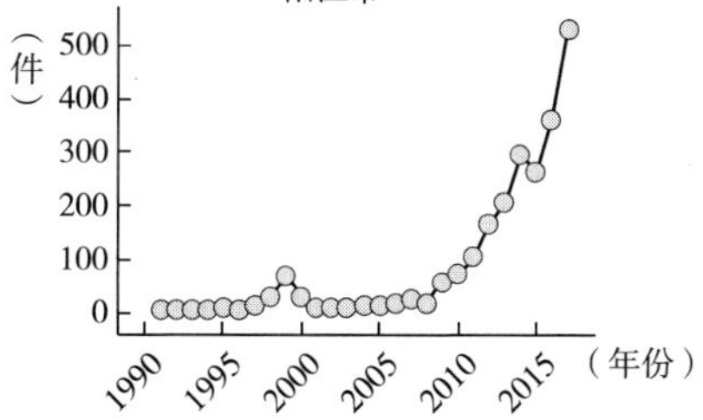

清远市

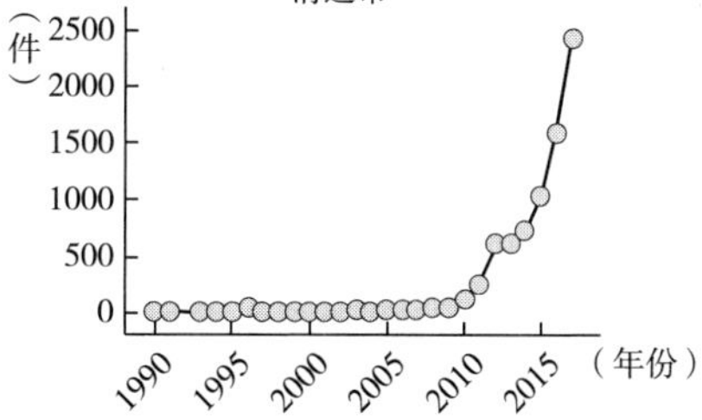

东莞市

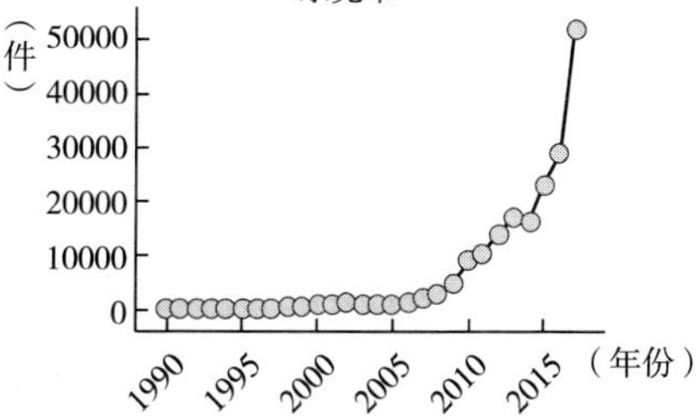

中山市

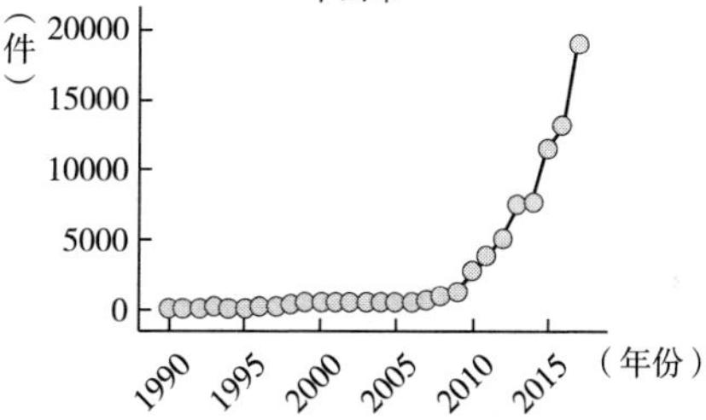

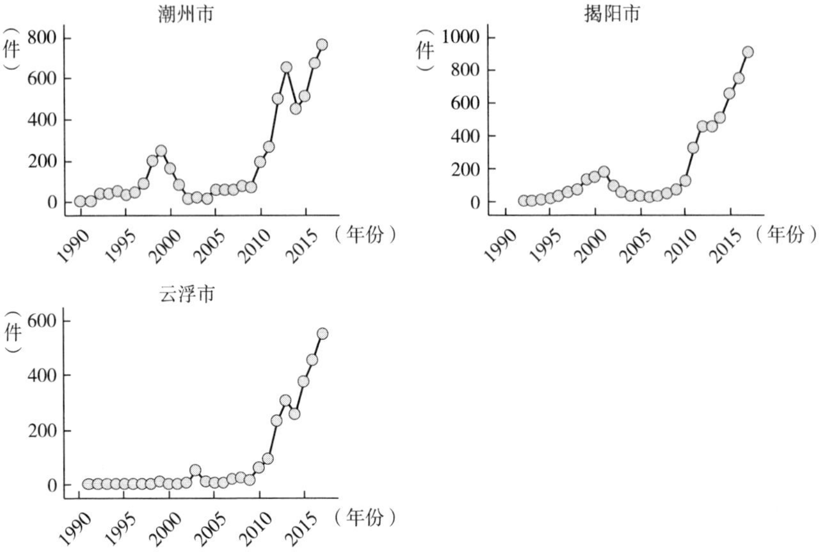

图 3－10　广东省 21 个地级市 1990～2017 年新增专利数量变化

图 3－10 反映了广东省 21 个地级市 1990～2017 年新增专利数量的变化情况。从总体变化趋势可以看出，其中，广州市、深圳市、珠海市、汕头市、佛山市、江门市、湛江市、茂名市、肇庆市、惠州市、汕尾市、河源市、阳江市、清远市、东莞市、中山市、揭阳市和云浮市在 1990～2017 年新增专利数量呈现不断上升趋势，且其数量均在 2012 年前后开始呈现高速增长的态势；但韶关市、梅州市和潮州市则在 2010 年之后出现了较大幅度的波动，尤其是韶关市和梅州市均在近三年来出现了新增专利数量大幅减少的情况，显示出创新能力后劲不足的态势。

图 3－11 反映了广东省 21 个地级市 2017 年新增专利数量的对比情况。可以看出，2017 年创业企业数量居于全省前 5 的依次为：深圳市、广州市、东莞市、佛山市、珠海市，其新增专利数量占全省新增专利数量总数之比分别为 36%、17%、13%、13%、5%。

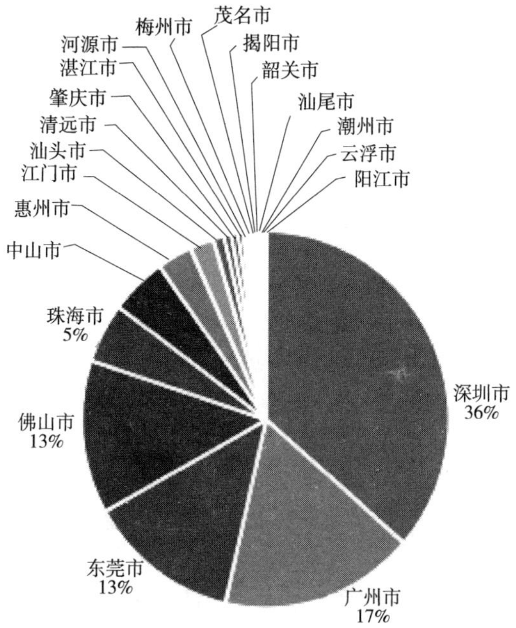

图 3-11　广东省 21 个地级市 2017 年新增专利数量占比对比

进一步分析，可以发现，排名第一的深圳市的新增专利数量占比超过广州市和东莞市新增专利数量占比的总和，而排名前 5 的城市新增专利数量占比总和达到 84%，可以认为广东省的主要新增专利大部分来自这 5 个城市，而这与前文广东省创业企业个数占比数据基本一致。

四　广东省注册商标数的产业分布特征及演变趋势

由图 3-12 可以看出，1990～2017 年广东省注册商标数量总体呈现波动上升的趋势，相对而言，1990～2008 年年初广东省商标注册数量变化不是很显著，这一时期每年注册商标数量差距不

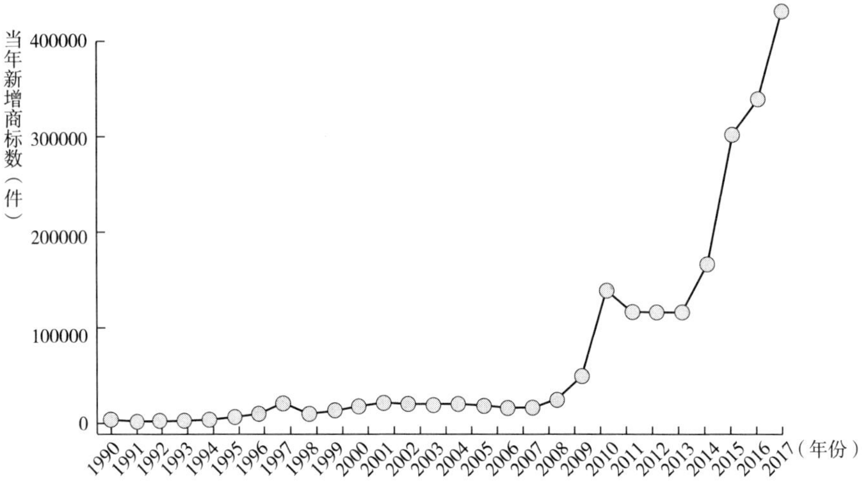

图 3－12　广东省 1990～2017 年注册商标数变化

大，只在 1997 年出现过一次小高峰，总体趋势还是较为平稳，而在 2008 年后，变化趋势就相对比较明显。2009 年和 2010 年，广东省商标注册数量连续上升，尤其 2010 年上升趋势明显，随后在 2011 年出现短暂下滑，且 2012 年和 2013 年注册商标数量几乎达到相同，随后又在 2013～2017 年连续 4 年攀升，且上升速度都非常快。

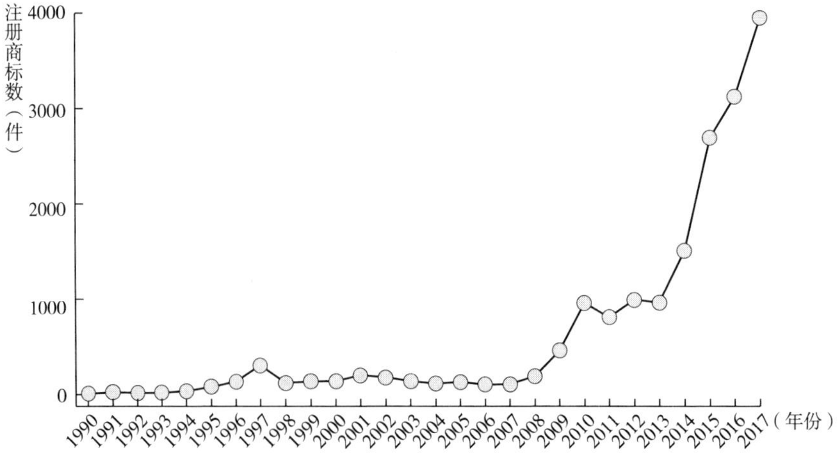

图 3－13　广东省 1990～2017 年第一产业注册商标数变化

图 3－13 广东省 1990～2017 年第一产业注册商标数的变化情况，可以看出，1990～2008 年，注册商标数处于较低水平，年均仅有 116.58 个，而在 2009 年之后开始呈现显著增加趋势，年均增长率达到 30.83%，虽然在 2010～2013 年出现了短暂的停滞，但在 2013 年之后注册商标数激增，年均增长率更是达到了 42.30%，并在 2017 年达到了自 1990 年以来的高峰，注册商标数近 3949 个。

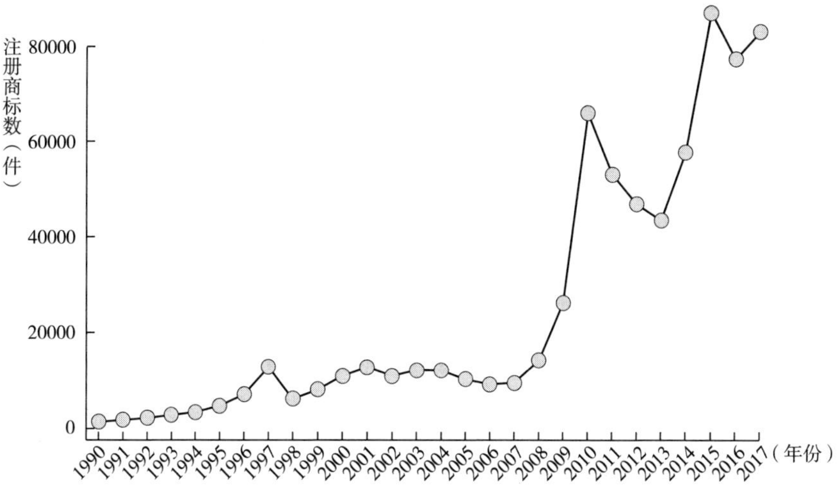

图 3－14　广东省 1990～2017 年第二产业注册商标数变化

图 3－14 反映了广东省 1990～2017 年第二产业注册商标数的变化情况。可以看出，1990～2007 年，注册商标数处于较低水平，年均仅有 7509.56 件，而在 2008 年之后开始呈现显著增加趋势，年均增长率达到 21.79%，其中 2007～2010 年和 2013～2015 年的增长尤为迅速，年均增长率分别达到了 91.89% 和 41.45%，并在 2015 年达到了自 1990 年以来的高峰，注册商标数达到 87076 件。

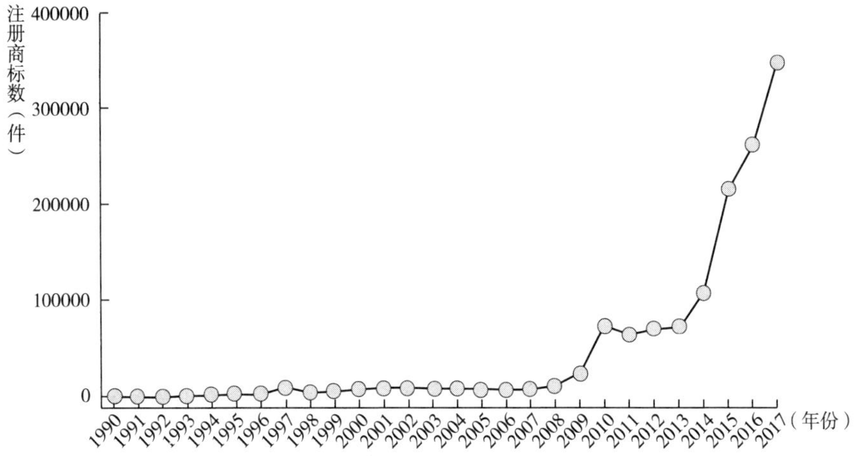

图 3-15 广东省 1990~2017 年第三产业注册商标数变化

图 3-15 反映了广东省 1990~2017 年第三产业注册商标数的变化情况。可以看出，1990~2008 年，注册商标数处于较低水平，年均仅有 5502.53 件，而在 2009 年之后开始呈现显著增加趋势，年均增长率达到 39.65%，尤其是自 2014 年之后，创新创业的蓬勃发展带来注册商标数的激增，年均增长率更是达到了 47.28%，并在 2017 年达到了自 1990 年以来的高峰，专利数量达到 349091 件。

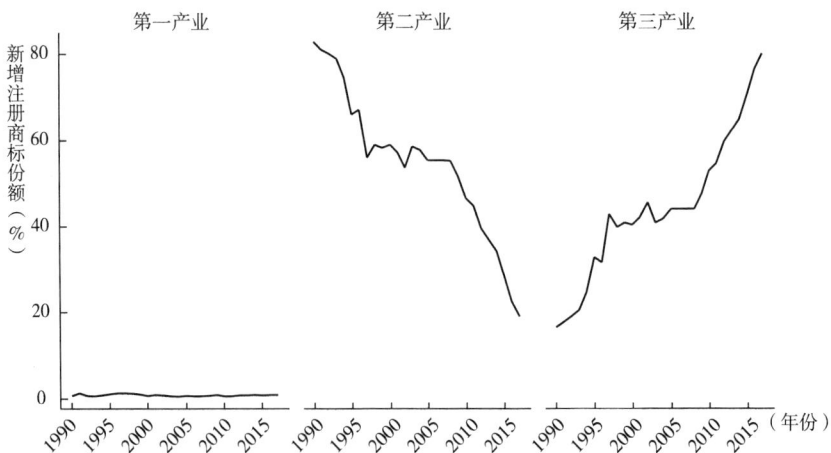

图 3-16 广东省 1990~2017 年三次产业注册商标份额变化

图 3-16 反映了广东省 1990~2017 年三次产业新增商标数占三大产业新增商标总数比重（以下简称“新增注册商标份额”）的变化情况。从图 3-16 中可以看出：

（1）整体上，自 1990 年以来，第一产业新增注册商标份额一直较低，年均份额仅为 0.87%，而第二产业新增注册商标份额与第三产业新增注册商标份额呈现出完全对称的反向变动趋势，年均份额为 54.75%。

（2）自 1990 年以来，第二产业新增注册商标份额呈现显著的下降趋势。其中，第一阶段为 1990~1997 年，新增注册商标份额从 82.77% 下降至 55.83%，下降幅度达 26.94 个百分点；第二阶段为 1997~2008 年，其间新增注册商标份额呈现短暂的平稳波动趋势，基本稳定在 56.62% 左右；第三阶段为 2008~2017 年，这一阶段新增注册商标份额出现了更大幅度、更长时间的下降，自 2008 年的 55.14% 下降至 2017 年的 19.05%，下降了 36.09 个百分点，年均下降 4.01 个百分点。

（3）自 1990 年以来，第三产业新增注册商标份额呈现显著的上升趋势。其中，第一阶段为 1990~1997 年，新增注册商标份额开始出现不断上升的趋势，自 1990 年的 16.53% 上升至 1995 年的 32.84%，增长了 16.31 个百分点；第二阶段为 1997~2008 年，其间新增注册商标份额呈现平稳波动趋势，基本稳定在 42.53% 左右；第三阶段为 2009~2017 年，这一阶段新增注册商标份额呈现较大的上升，自 2009 年的 47.58% 上升至 2017 年的 80.04%，提高了 32.46 个百分点。

五　广东省注册商标数的行业分布特征及演变趋势

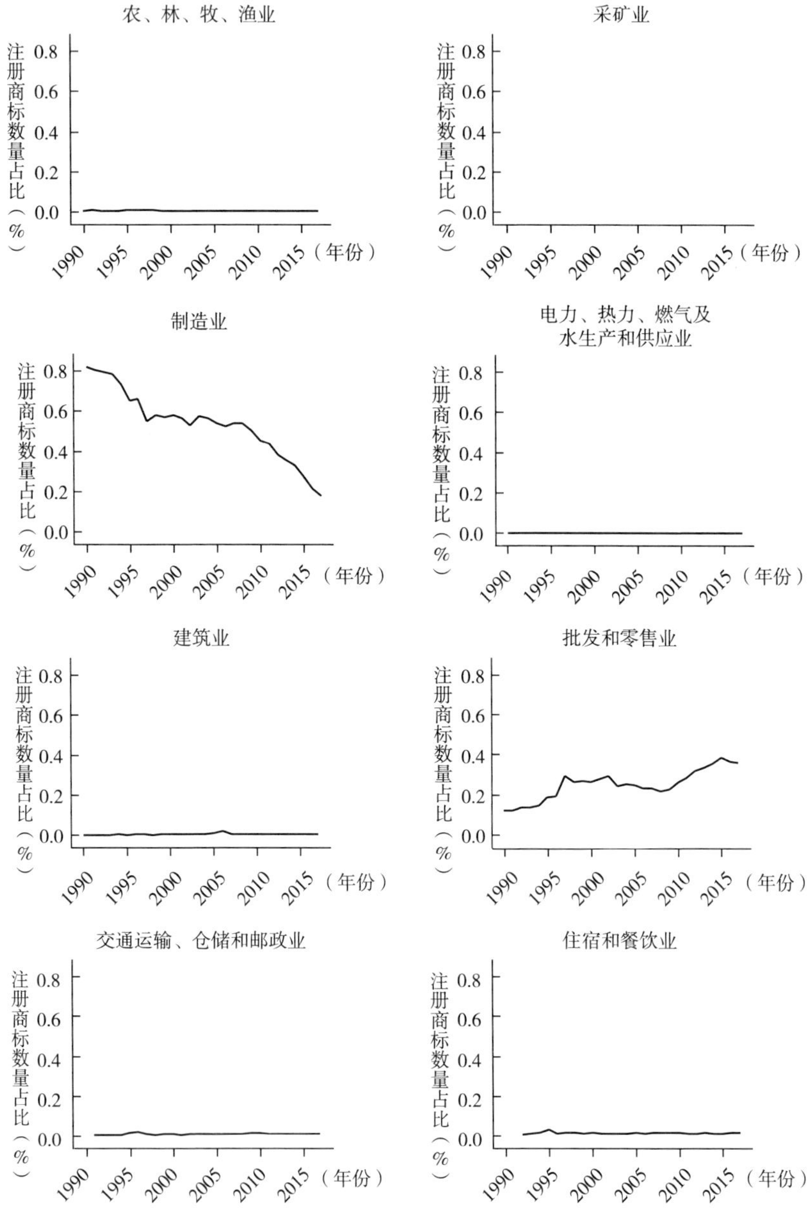

信息传输、软件和信息技术服务业

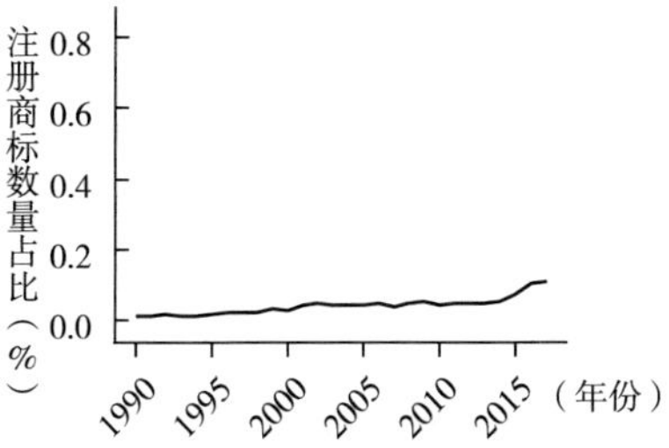

金融业

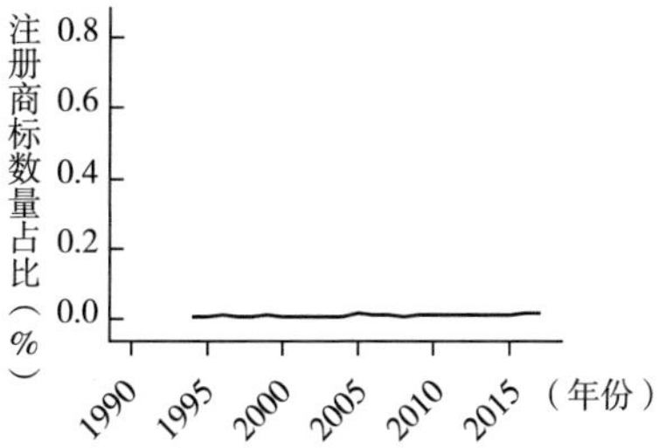

房地产业

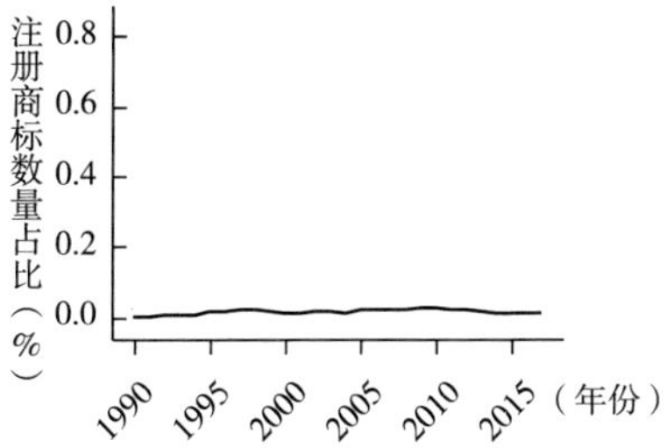

租赁和商务服务业

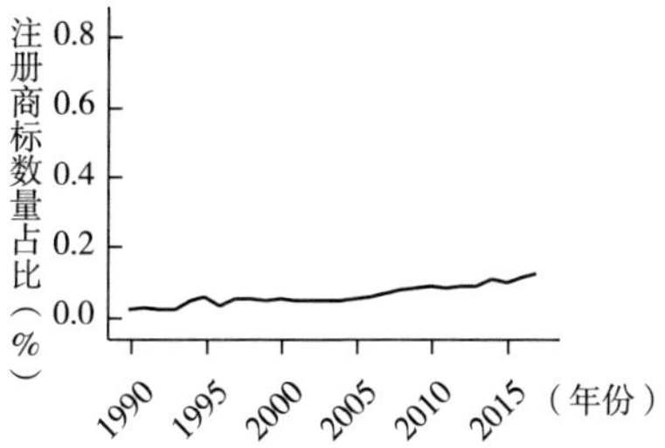

科学研究和技术服务业

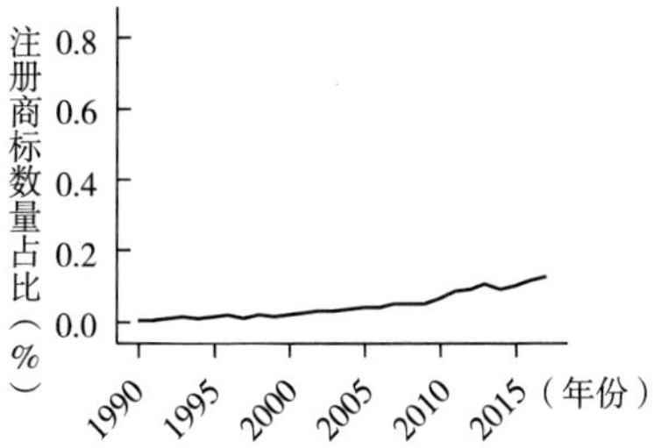

水利、环境和公共设施管理业

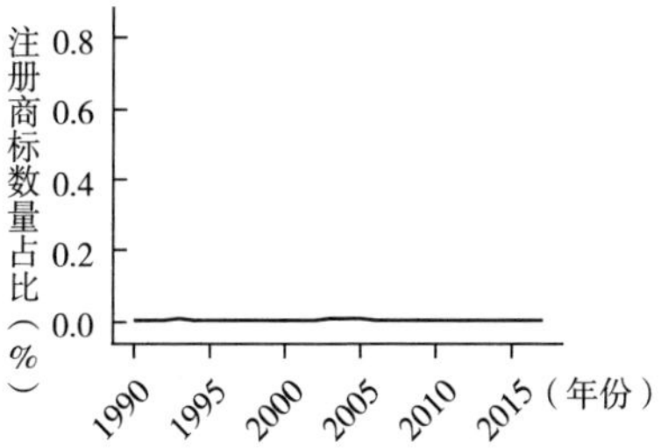

居民服务、修理和其他服务业

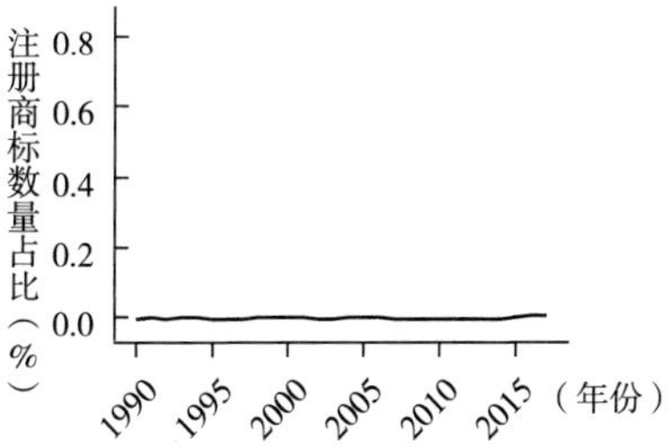

教育

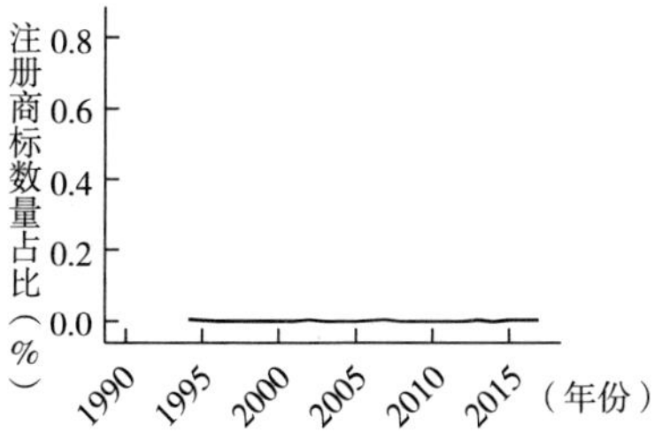

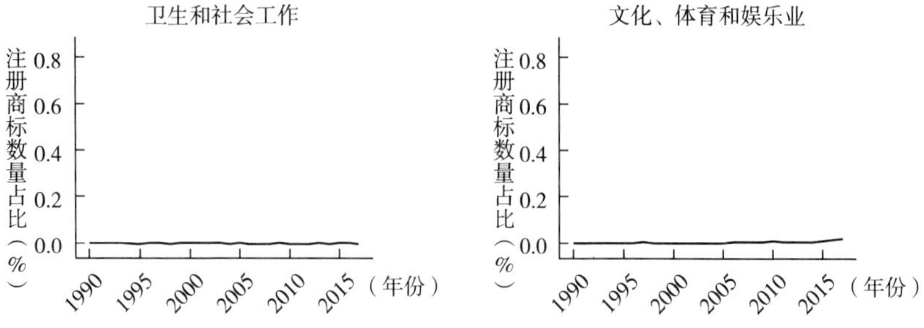

图 3－17　广东省 1990～2017 年各行业新增注册商标数量占比变化

为了对第二产业和第三产业内部的结构变化做进一步的分析，图 3－17 反映了广东省 1990～2017 年各行业新增注册商标数占全部行业新增商标总数比重（以下简称“新增注册商标数量占比”）的变化情况。

从图 3－17 中，我们可以看出，制造业、批发和零售业的新增注册商标数量占比在各时期均较高，且在不同时间的波动较大，而它们分别又是影响第二产业和第三产业新增注册商标数量变动的最重要因素，而其他行业的新增注册商标数量占比则较低，且变化较为平稳。因此，我们绘制了图 3－16 和图 3－17，分别对制造业、批发和零售业新增注册商标数量占比做进一步分析。

图 3－18 反映了广东省 1990～2017 年制造业新增注册商标数量占比的变化情况。可以看出，整体上自 1990 年至今，制造业新增注册商标数量占比呈现波动下降的趋势。从不同阶段看，特定时期制造业新注册企业行业占比也表现出阶段性巩固和提高的特征。在 1990～1997 年，制造业新增注册商标数量占比从 82.14% 下降至 55.05%，下降了 27.09 个百分点，年均下降达到 3.87 个百分点；在 1997～2008 年，呈现下降停滞并在 55.64% 左右平稳波动的

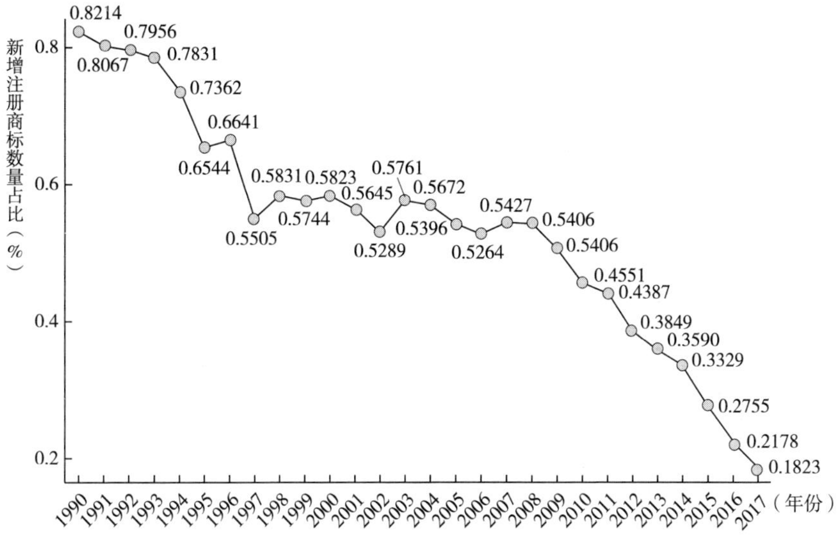

图 3－18　广东省 1990～2017 年制造业新增注册商标数量占比变化

趋势；随后 2008～2017 年，广东省制造业新增注册商标数量占比出现了持续不断的下降，从 54.06% 下降至 18.23%，下降了 35.83 个百分点，年均下降达到 3.98 个百分点，并且在 2017 年达到新增注册商标数量占比的最低值。

图 3－19 反映了广东省 1990～2017 年批发和零售业新增注册商标数量占比的变化情况。可以看出，整体上自 1990 年至今，批发和零售业新增注册商标数量占比呈现波动上升的趋势。从不同阶段看，特定时期批发和零售业新增注册商标数量占比也表现出阶段性停滞的特征。在 1990～1997 年，批发和零售业新增注册商标数量占比从 12.11% 上升至 29.67%，提高了 17.56 个百分点；在 1997～2008 年，呈现增长停滞特征并出现小幅波动下降的趋势，自 1997 年的 29.67% 下降至 2008 年的 21.65%，下降了 8.02 个百分点；随后 2008～2017 年，广东省批发和零售业新增注册商标数

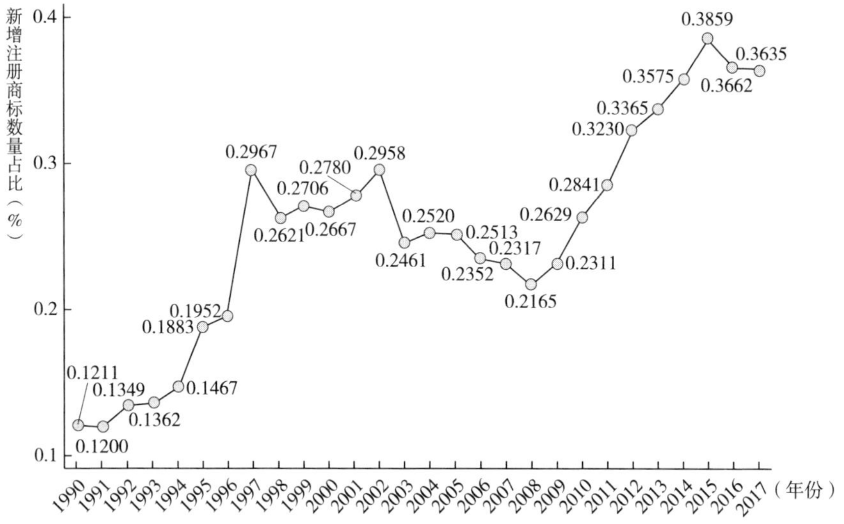

图 3－19　广东省 1990～2017 年批发和零售业新增注册商标数量占比变化

量占比出现了持续的上升，从 2008 年的 21.65% 上升至 2015 年的峰值 38.59%，增长了 16.94 个百分点，年均增长率达到 2.42 个百分点；虽然随后在 2016 年和 2017 年有小幅下降，但下降了仅有 2.24 个百分点，截至 2017 年，批发和零售业新增注册商标数量占比为 36.35%。

六　广东省注册商标数的区域分布特征及演变趋势

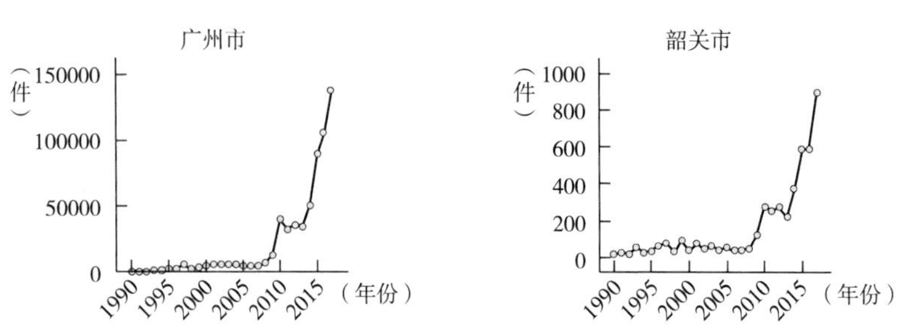

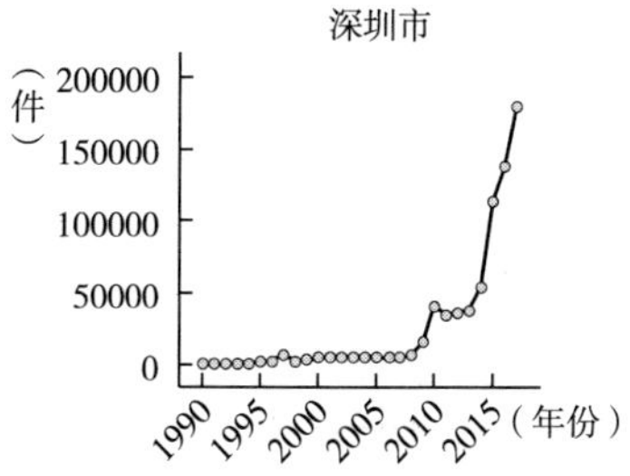
深圳市
（件）
200000
150000
100000
50000
0
1990 1995 2000 2005 2010 2015（年份）

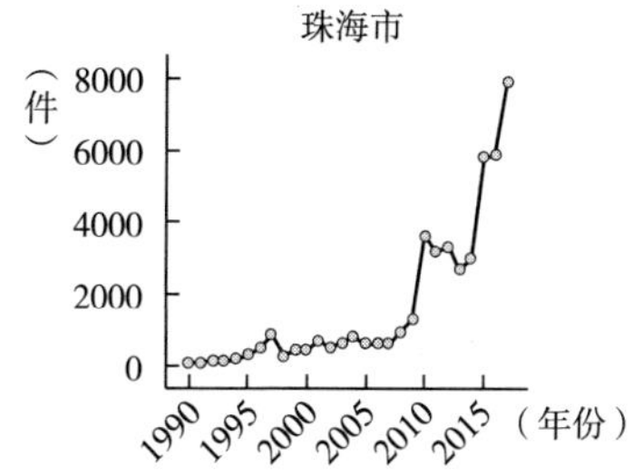
珠海市
（件）
8000
6000
4000
2000
0
1990 1995 2000 2005 2010 2015（年份）

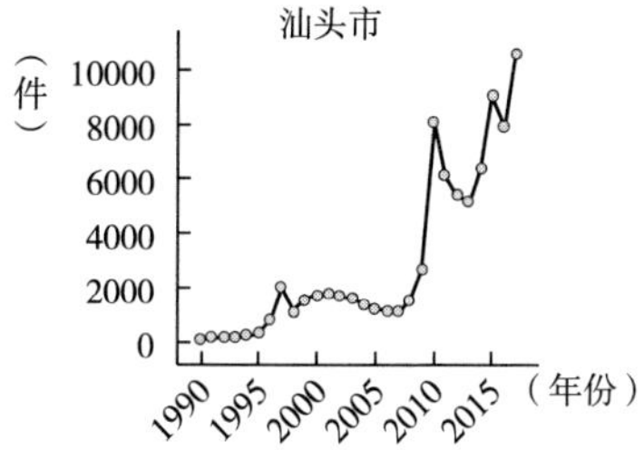
汕头市
（件）
10000
8000
6000
4000
2000
0
1990 1995 2000 2005 2010 2015（年份）

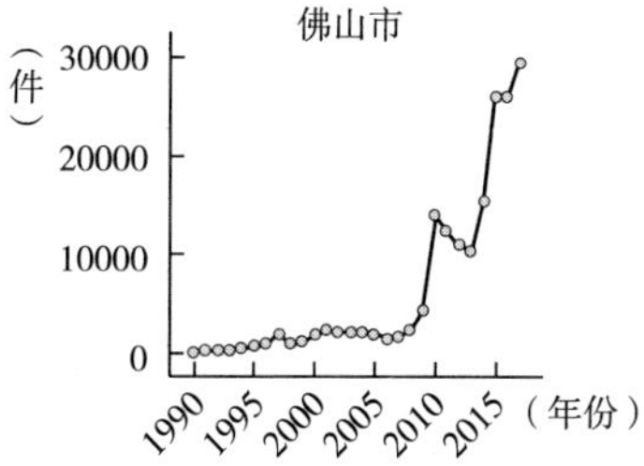
佛山市
（件）
30000
20000
10000
0
1990 1995 2000 2005 2010 2015（年份）

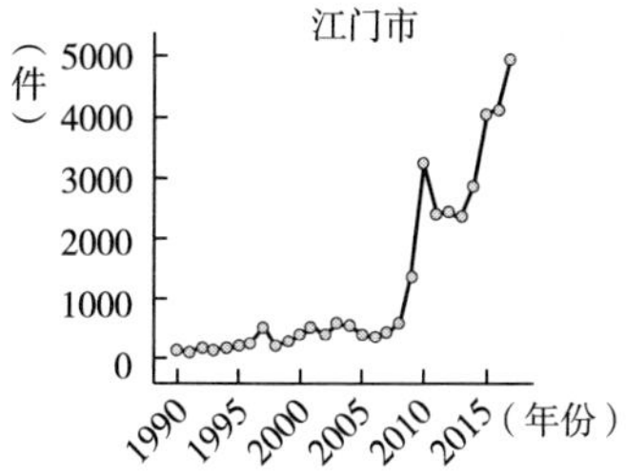
江门市
（件）
5000
4000
3000
2000
1000
0
1990 1995 2000 2005 2010 2015（年份）

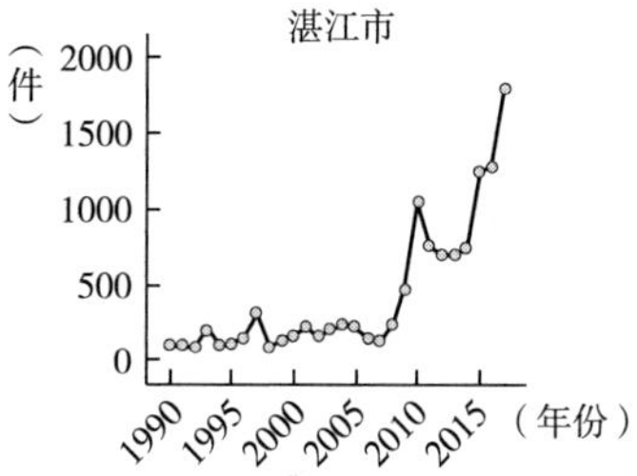
湛江市
（件）
2000
1500
1000
500
0
1990 1995 2000 2005 2010 2015（年份）

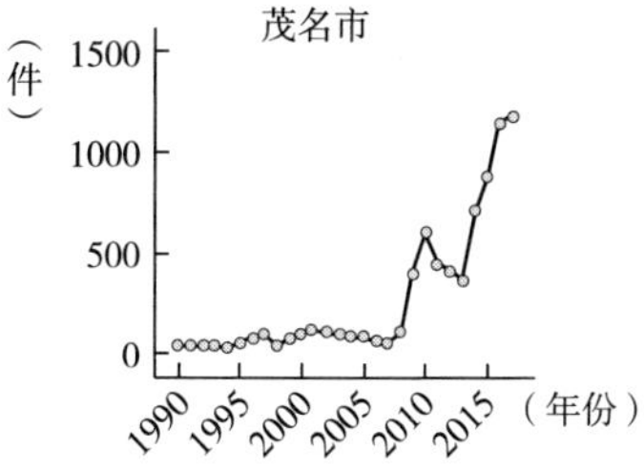
茂名市
（件）
1500
1000
500
0
1990 1995 2000 2005 2010 2015（年份）

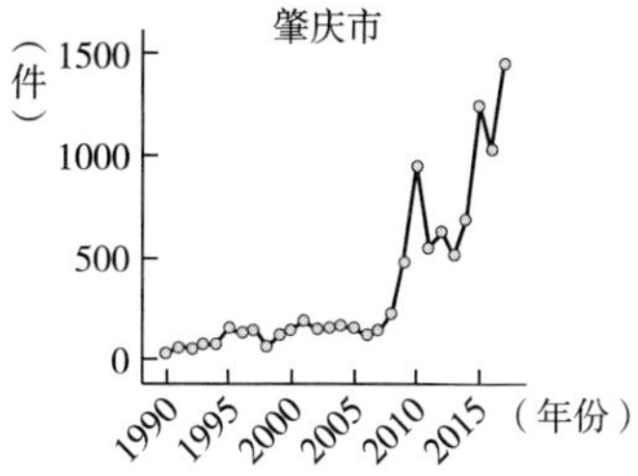
肇庆市
（件）
1500
1000
500
0
1990 1995 2000 2005 2010 2015（年份）

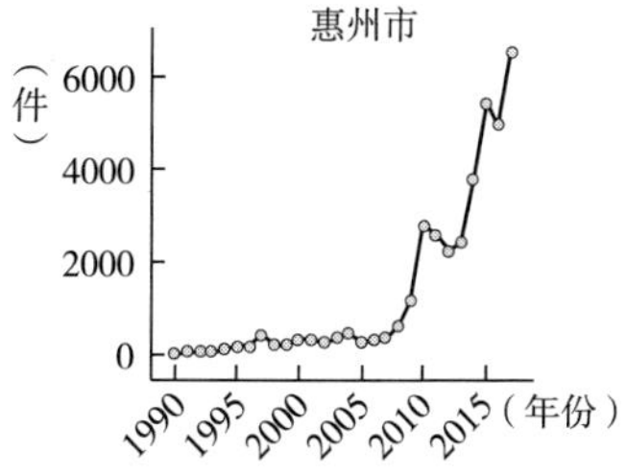
惠州市
（件）
6000
4000
2000
0
1990 1995 2000 2005 2010 2015（年份）

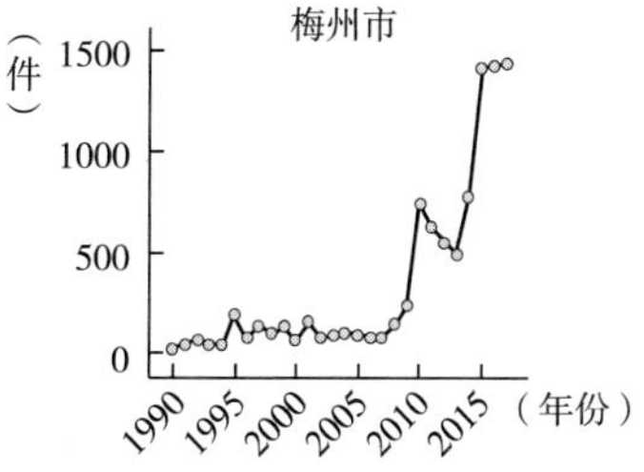
梅州市
（件）
1500
1000
500
0
1990 1995 2000 2005 2010 2015（年份）

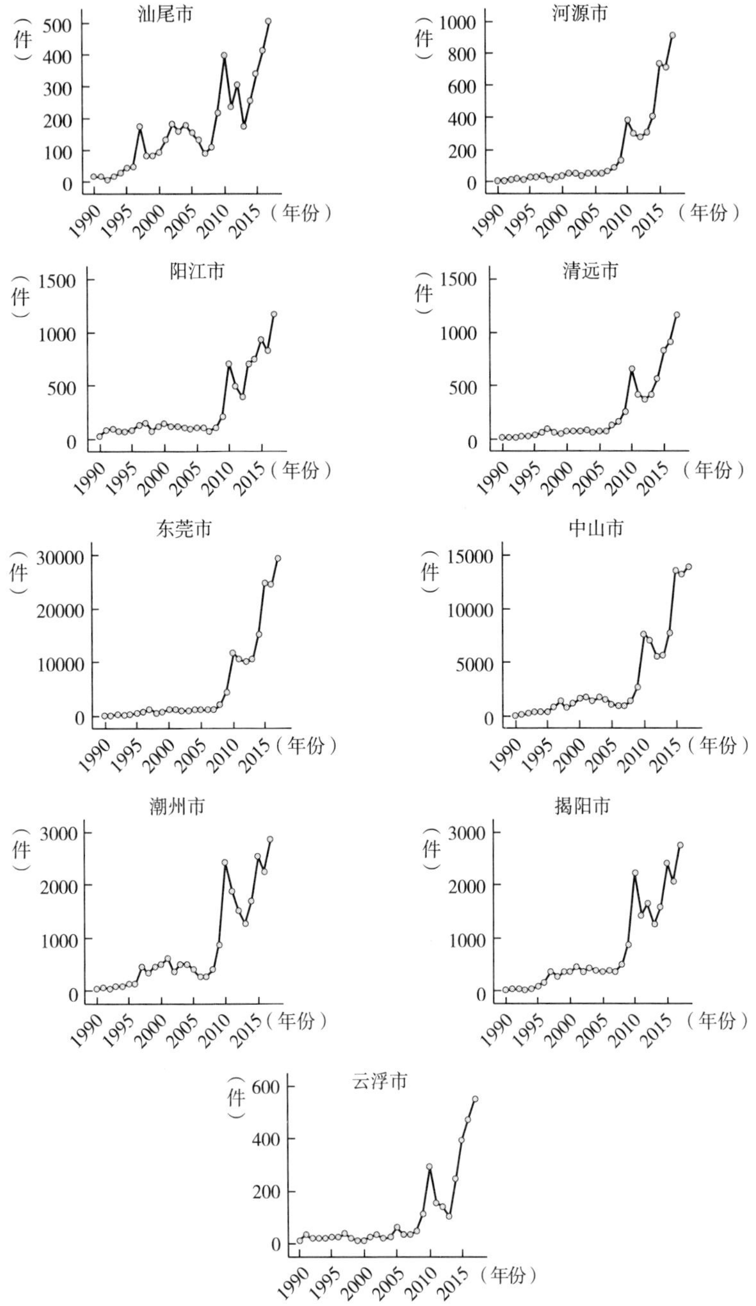

图 3-20　广东省 21 个地级市 1990～2017 年新增注册商标数量变化

图 3 – 20 反映了广东省 21 个地级市 1990 ~ 2017 年新增注册商标数量的变化情况。从总体变化趋势可以看出，广东省所有地级市的新增注册商标数量都在波动中不断上升，其中，广州市、韶关市、深圳市、珠海市、佛山市、江门市、湛江市、茂名市、惠州市、梅州市、河源市、阳江市、清远市、东莞市、中山市、云浮市在 1990 ~ 2017 年新增注册商标数量呈现不断上升趋势，虽然这些城市均在 2010 ~ 2013 年前后出现过新增注册商标数量停滞的状况，但随后都迎来了较稳定的增长；但汕头市、肇庆市、汕尾市、潮州市和揭阳市则在 2010 年之后出现了新增注册商标数量较大幅度的波动，且均经历了长达 3 年的持续下降。

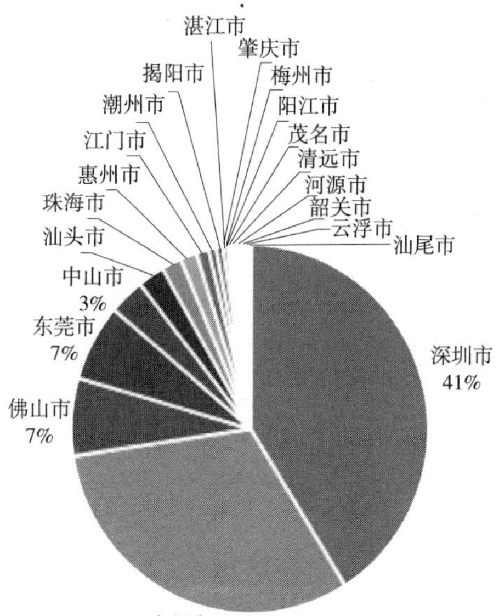

图 3 – 21　广东省 21 个地级市 2017 年新增注册商标数量对比

图 3 – 21 反映了广东省 21 个地级市 2017 年新增注册商标数量的对比情况。可以看出：2017 年创业企业数量居于全省前 5 的依

次为：深圳市、广州市、佛山市、东莞市、中山市，其新增注册商标数量占全省新增注册商标总数之比分别为 41%、32%、7%、7%、3%。进一步分析，可以发现，排名第一的深圳市的新增注册商标数量占比超过广州市和佛山市新增专利数量占比的总和，而排名前 5 的城市新增专利数量占比总和达到 90%，可以认为广东省的主要新增商标绝大部分来自这 5 个城市。

七 小结

本篇从专利数和注册商标数这两个指标出发，对广东省企业创新情况的产业分布、行业分布以及地区分布特征进行分析，总结为以下七个方面的规律。

第一，对广东省专利数的产业分布特征及演变趋势进行分析，发现第二产业专利数占据广东省专利数的绝大部分，是广东省创新的支柱产业。具体而言：（1）自 1990 年以来，第一产业新增专利份额一直较低，年均份额仅为 0.50%。（2）第二产业新增专利份额一直是三大产业中的专利份额占比最高的，年均份额达到 78.25%，并呈现先上升后平稳波动再下降的三个阶段。（3）第三产业新增专利份额的变化与第二产业形成了反向波动趋势，截至 2017 年，第三产业新增专利份额达到 43.04%。

第二，对广东省专利数的行业分布特征及演变趋势进行分析，发现制造业新增专利数量显著下降，服务业相关行业的占比显著上升，制造业、批发和零售业以及科学研究和技术服务业在各时期占比均较高，且在不同时间的波动较大，其他行业的新增专利数量占比则较低，且变化较为平稳。具体而言：（1）制造业新增专利数量占比呈现先上升后平稳波动再下降的趋势，其中，1990～1994年处于上升阶段，其间制造业新增专利数量占比从61.28%上升至84.81%，1995～2008年处于平稳波动时期，保持在81.63%左右，2009～2017年处于逐步下降阶段，制造业新增专利数量占比从84.11%下降至54.26%，下降了29.85个百分点。（2）批发和零售业新增专利数量占比呈现出较大幅度的波动。总体上分为两个上升阶段和两个下降阶段。（3）科学研究和技术服务业新增专利数量占比呈现波动上升的趋势，整体来看，仅在1990～1998年出现过小幅下降，但随后经历了近20年的持续增长，自1999年起，从1.33%上升至2017年的17.42%，达到1990年至今的最高点，共计增长了16.09个百分点，年均增长幅度达到0.89%，科学研究和技术服务业新增专利数量占比的持续攀升，说明了广东省科学技术的理论水平与实践水平都在近年来得到了很大的提升。

第三，对广东省专利数的区域分布特征及演变趋势进行分析，发现韶关市和梅州市均在近三年来出现了新增专利数量大幅减少的情况，显示出创新能力后劲不足的态势，而深圳市、广州市、东莞市、佛山市、珠海市则是广东省创新的主力城市。排名前5的城市，其新增专利数量占全省新增专利数量总数之比分别为36%、17%、13%、13%、5%。

第四，对广东省注册商标数的产业分布特征及演变趋势进行分析，发现第三产业逐步取代第二产业，成为注册商标数产业份额占比最高的产业。具体而言，（1）第一产业新增注册商标份额一直较低，年均份额仅为0.87%。（2）第二产业新增注册商标份额与第三产业新增注册商标份额呈现出完全对称的反向变动趋势，年均份额为 54.75%。但自 1990 年以来，第二产业新增注册商标份额呈现显著的下降趋势，直至 2017 年下降至 19.05%。（3）第三产业新增注册商标份额呈现显著的上升趋势，自 1990 年的 16.53% 上升至 2017 年的 80.04%，共计提高了 63.51 个百分点。

第五，对广东省注册商标数的行业分布特征及演变趋势进行分析，发现制造业、批发和零售业的新增注册商标数量占比在各时期均较高，且在不同时间的波动较大，而它们分别又是影响第二产业和第三产业新增注册商标数量变动的最重要因素，其他行业的新增注册商标数量占比则较低，且变化较为平稳。具体而言：（1）制造业新增注册商标数量占比呈现波动下降的趋势。在 1990～1997 年，制造业新增注册商标数量占比从 82.14% 下降至 55.05%，随后在 1997～2008 年出现了长时间的停滞，保持在 55.64% 左右平稳波动，自 2008 年以来，广东省制造业新增注册商标数量占比则持续不断下降，从 2008 年的 54.06% 下降至 2017 年的 18.23%，年均下降达到 3.98 个百分点；并且在 2017 年达到新增注册商标数量占比的最低值。（2）批发和零售业新增注册商标数量占比呈现波动上升的趋势。在 1990～1997 年，批发和零售业新增注册商标数量占比从 12.11% 上升至 29.67%，随后在 1997～2008 年出现小幅波动下降的趋势后，在 2008～2017 年，广东省批发和零售业新增注册商标数量占比出现了持续的上升，截至 2017 年，批发和零售业新增注册商标数量占比为 36.35%。

第六，对广东省注册商标数的区域分布特征及演变趋势进行分析，发现汕头市、肇庆市、汕尾市、潮州市和揭阳市经历了长达

3 年的持续下降，而深圳市、广州市、佛山市、东莞市、中山市则是广东省商标注册的重镇。排名全省前 5 的城市，其新增注册商标数量占全省新增注册商标总数之比分别为 41%、32%、7%、7%、3%，且排名前 5 的城市新增专利数量占比总和达到 90%，可以认为广东省的主要新增商标绝大部分来自这 5 个城市。

第七，对比广东省专利数和注册商标数的情况看，广东省城市间创新能力的两极分化较为严重，但创新主导产业已经由第二产业转移至第三产业，较好地实现了产业转型升级。深圳市、广州市、珠海市、佛山市、东莞市、中山市这 6 个城市在专利和商标注册数量上具有显著优势，说明广东省的创新能力主要来自这些城市，而这些城市的创新能力远远高于其他城市，尤其是深圳市，其专利数和注册商标数的占比均超过 35%。第三产业新增专利份额与新增注册商标份额均呈现显著的上升趋势，在 2017 年分别达到 43.04% 和 80.04%。

发展篇

根据国家工商总局企业注册局2013年7月发布的《全国内资企业生存时间分析报告》，截止到2012年年底，我国实有企业1322.54万家。其中，存续时间5年以下的企业652.77万家，占企业总量的49.4%。企业成立后3~7年为退出市场高发期，即企业生存的“瓶颈期”。2000年以来新设立企业退出市场的概率呈倒“U”形分布，即前高后低、前快后慢态势。企业成立后的3~7年死亡率较高。自2007年以来退出市场的企业平均寿命为6.09年，寿命在5年以内的接近60%。改革开放40年来，那些曾经辉煌的企业死在前进的路上的案例比比皆是，如何打破“企业平均存活时间短”的魔咒，成为亟待解决的问题。

企业生命周期揭示了企业发展与成长的动态轨迹，包括发展、成长、成熟、衰退四个阶段，我们试图为处于不同生命周期阶段的企业找到能够与其特点相适应、并能不断促其发展延续的特定组织结构形式，使得企业可以从内部管理方面找到一个相对较优的模式来保持企业的发展能力，在每个生命周期阶段内充分发挥特色优势，延长企业的生命周期，帮助企业实现自身的可持续发展。这使得研究企业生存与发展中面临的阶段性特征成为提升企业存活能力的关键问题，因此，本篇中，分别对广东省企业存活时间的产业分布特征及演变趋势、行业分布特征及演变趋势、区域分布特征及演变趋势进行逐一分析，通过对广东省企业的生存现状的详细梳理，更好地总结广东企业发展的经验与不足。

一　广东省企业存活时间总体特征

企业存活时间指企业在工商部门登记注册成立至统计时点的存续时间，即企业年龄。企业存活时间计算方法：以截止到2017年年底存活企业为观察样本，反推企业生存时间。比如2017年某家存活企业在2015年成立，那么这家企业生存时间为3年。再比如2017年某家企业在2017年1月20日成立，但同年7月5日死亡，则存活时间为1年以内。

根据上述计算方法得到广东省企业生存时间分布如表4－1所示，并根据数据绘制企业存活时间分布图，如图4－1所示。

表4－1　全省企业生存时间分布（截止到2017年年底）

单位：万家；%

年龄	企业数量	比重	年龄	企业数量	比重
1年以内	90.76	20.46	11年	8.66	1.95
2年	79.10	17.83	12年	8.05	1.82
3年	57.62	12.99	13年	7.03	1.58
4年	47.44	10.70	14年	6.51	1.47
5年	33.04	7.45	15年	5.44	1.23
6年	21.23	4.79	16年	3.98	0.90
7年	19.68	4.44	17～19年	7.61	1.72
8年	15.06	3.40	20～24年	6.30	1.42
9年	11.29	2.55	24年以上	6.19	1.40
10年	8.55	1.93	合计	443.54	100

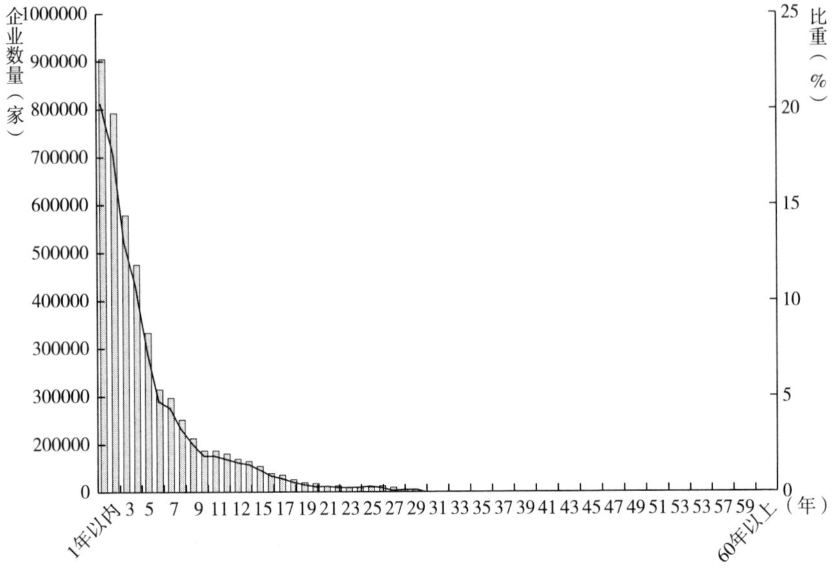

图 4－1　企业存活时间分布

从表 4－1 和图 4－1 可以看出，存活时间越长，企业数量越少。存活期在 1 年以内的企业数量占比达到 20.46%，存活期在 5 年以内的企业占比为 69.43%，而存活期在 10 年以上的企业占比仅为 15.42%。企业存活期中位数处于 3 年左右，即超过一半的企业无法存活超过 3 年。

二　广东省企业存活时间的产业特征及演变趋势

从图 4－2 可以看出，第一产业企业存活时间越长，企业数量越少。存活期在 1 年以内的企业数量为 6942 家，占比达到 17.62%，存活期在 5 年以内的企业数量为 25959 家，占比为 65.90%，而存活期在 10 年以上的企业数量为 5711 家，占比仅为

14.50%。企业存活期中位数处于3年左右，即超过一半的企业无法存活超过3年。

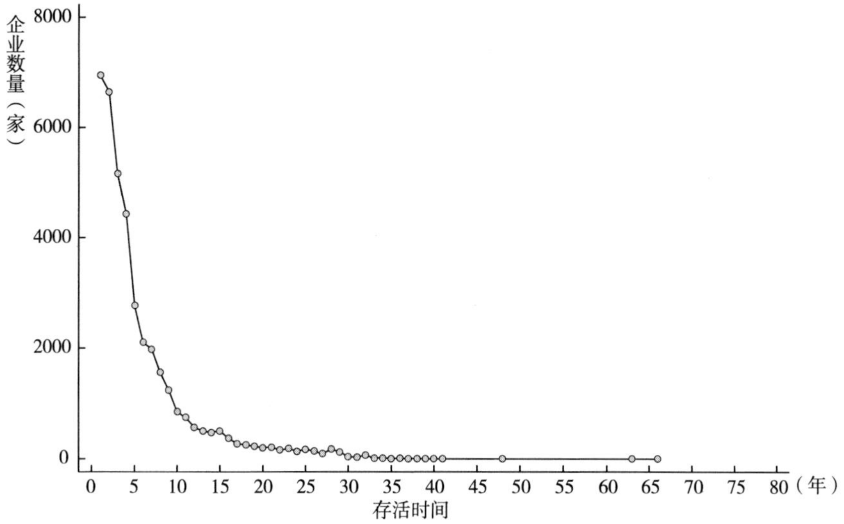

图4-2　广东省第一产业企业存活时间分布

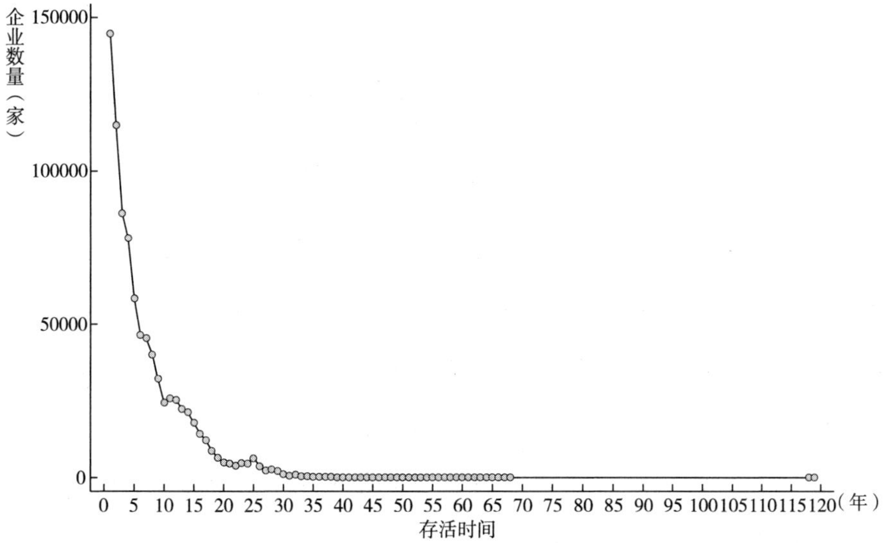

图4-3　广东省第二产业企业存活时间分布

从图 4－3 可以看出，第二产业企业存活时间越长，企业数量越少。存活期在 1 年以内的企业数量为 144755 家，占比达到 16.64%，存活期在 5 年以内的企业数量为 482525 家，占比达到 55.45%，而存活期在 10 年以上的企业数量为 198883 家，占比达到 22.86%。企业存活期中位数处于 4 年左右，即超过一半的企业无法存活超过 4 年。

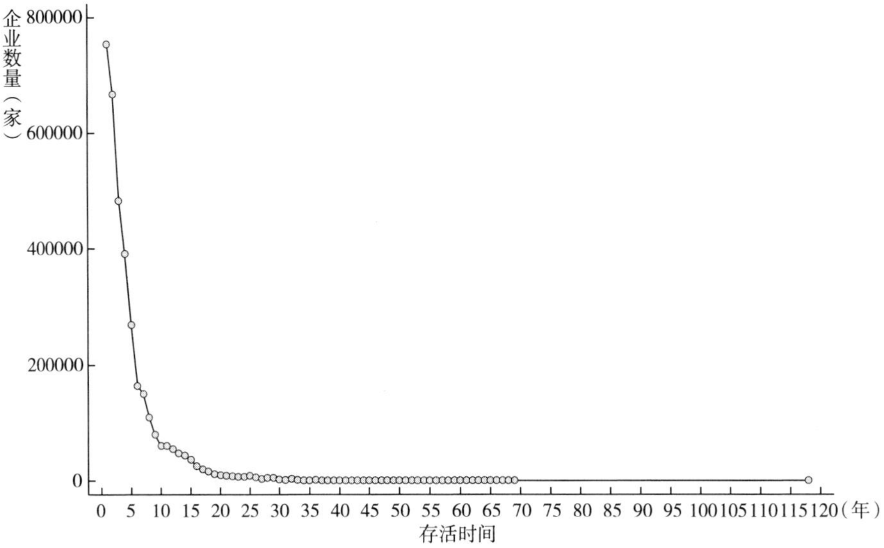

图 4－4　广东省第三产业企业存活时间分布

从图 4－4 可以看出，第三产业企业存活时间越长，企业数量越少。存活期在 1 年以内的企业数量为 754879 家，占比达到 21.43%，存活期在 5 年以内的企业数量为 2567294 家，占比达到 72.90%，而存活期在 10 年以上的企业数量为 392921 家，占比达到 11.16%。企业存活期中位数处于 2 年左右，即超过一半的企业无法存活超过 2 年。

比较广东省三大产业的企业存活时间可以发现，第二产业的企业平均存活时间最长，而第三产业的企业平均存活时间最短。

三　广东省企业存活时间的行业特征及演变趋势

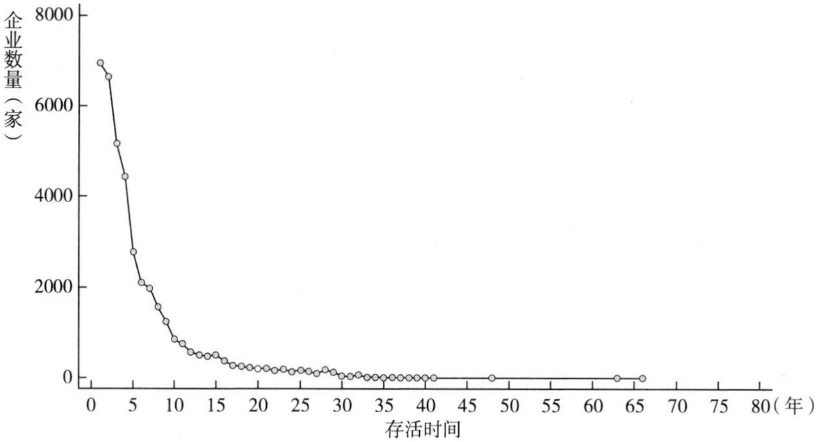

图 4－5　广东省农、林、牧、渔业企业存活时间分布

从图 4－5 可以看出，农、林、牧、渔业企业存活时间越长，企业数量越少。存活期在 1 年以内的企业数量为 6942 家，占比达到 17.62%，存活期在 5 年以内的企业数量为 25959 家，占比达到 65.90%，而存活期在 10 年以上的企业数量为 5711 家，占比达到 14.50%。企业存活期中位数处于 3 年左右，即超过一半的企业无法存活超过 3 年。

从图 4－6 可以看出，采矿业企业存活时间越长，企业数量越少。存活期在 1 年以内的企业数量为 358 家，占比达到 8.52%，存活期在 5 年以内的企业数量为 2258 家，占比达到 53.71%，而存活

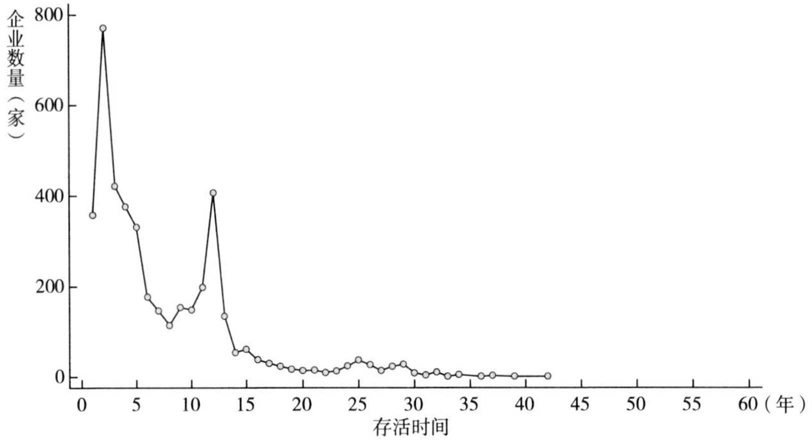

图 4－6　广东省采矿业企业存活时间分布

期在 10 年以上的企业数量为 1204 家，占比达到 28.64%。企业存活期中位数处于 5 年左右，即超过一半的企业无法存活超过 5 年。

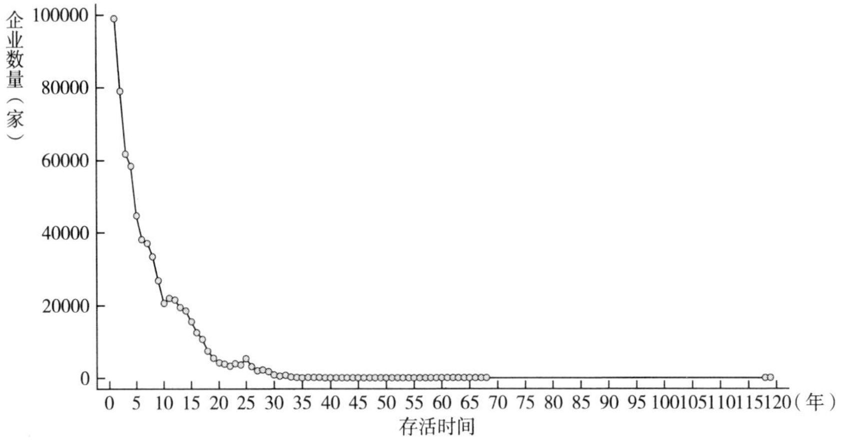

图 4－7　广东省制造业企业存活时间分布

从图 4－7 可以看出，制造业企业存活时间越长，企业数量越少。存活期在 1 年以内的企业数量为 98984 家，占比达到 14.77%，存活期在 5 年以内的企业数量为 342760 家，占比达到 51.16%，而存活期在 10 年以上的企业数量为 170605 家，占比达到 25.46%。企业存活期中位数处于 5 年左右，即超过一半的企业无法存活超过 5 年。

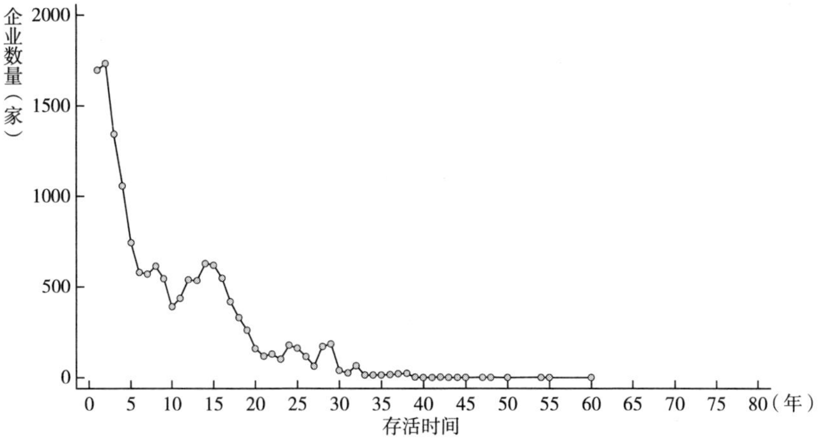

图 4－8　广东省电力、热力、燃气及水生产和供应业企业存活时间分布

从图 4－8 可以看出，电力、热力、燃气及水生产和供应业企业存活时间越长，企业数量越少。存活期在 1 年以内的企业数量为 1697 家，占比达到 11.13%，存活期在 5 年以内的企业数量为 6579 家，占比达到 43.14%，而存活期在 10 年以上的企业数量为 5968 家，占比达到 39.13%。企业存活期中位数处于 6 年左右，即超过一半的企业无法存活超过 6 年。

从图 4－9 可以看出，建筑业企业存活时间越长，企业数量越少。存活期在 1 年以内的企业数量为 43716 家，占比达到 24.19%，存活期在 5 年以内的企业数量为 130928 家，占比达到 72.46%，而存活期在 10 年以上的企业数量为 21106 家，占比达到 11.68%。企业存活期中位数处于 3 年左右，即超过一半的企业无法存活超过 3 年。

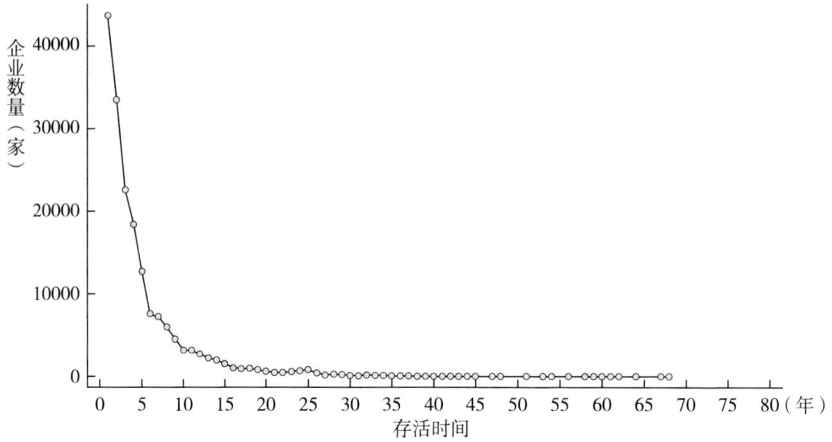

图 4-9　广东省建筑业企业存活时间分布

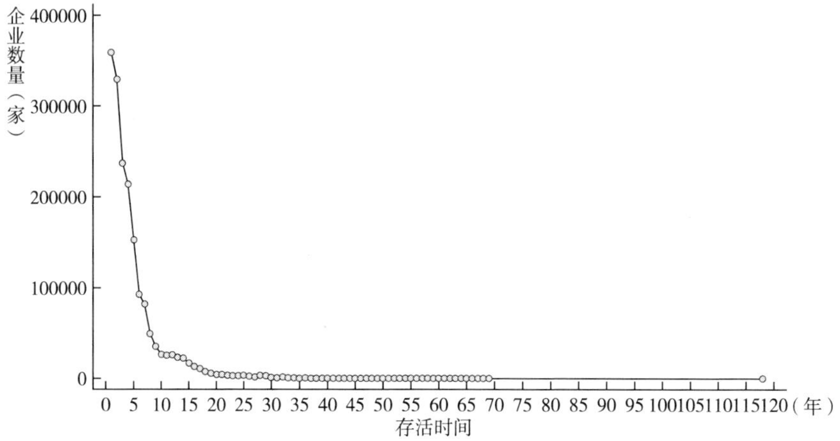

图 4-10　广东省批发和零售业企业存活时间分布

从图 4-10 可以看出，批发和零售业企业存活时间越长，企业数量越少。存活期在 1 年以内的企业数量为 359462 家，占比达到 20.33%，存活期在 5 年以内的企业数量为 1293171 家，占比达到 73.12%，而存活期在 10 年以上的企业数量为 189344 家，占比达到 10.71%。企业存活期中位数处于 3 年左右，即超过一半的企业无法存活超过 3 年。

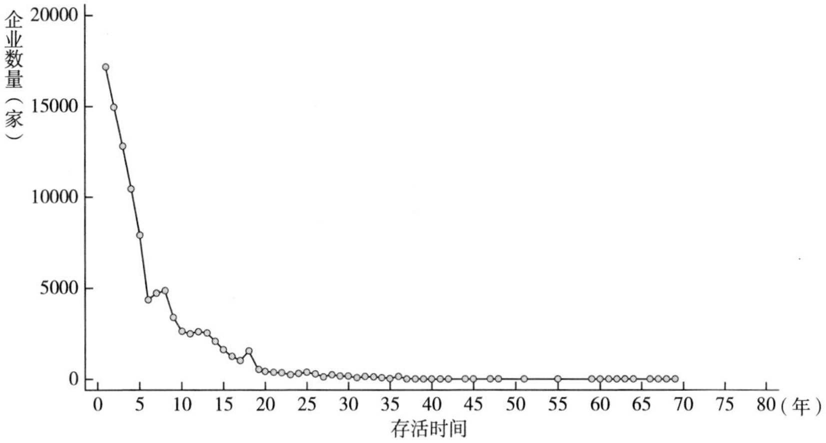

图 4－11　广东省交通运输、仓储和邮政业企业存活时间分布

从图 4－11 可以看出，交通运输、仓储和邮政业企业存活时间越长，企业数量越少。存活期在 1 年以内的企业数量为 17178 家，占比达到 16.70%，存活期在 5 年以内的企业数量为 63349 家，占比达到 61.60%，而存活期在 10 年以上的企业数量为 19535 家，占

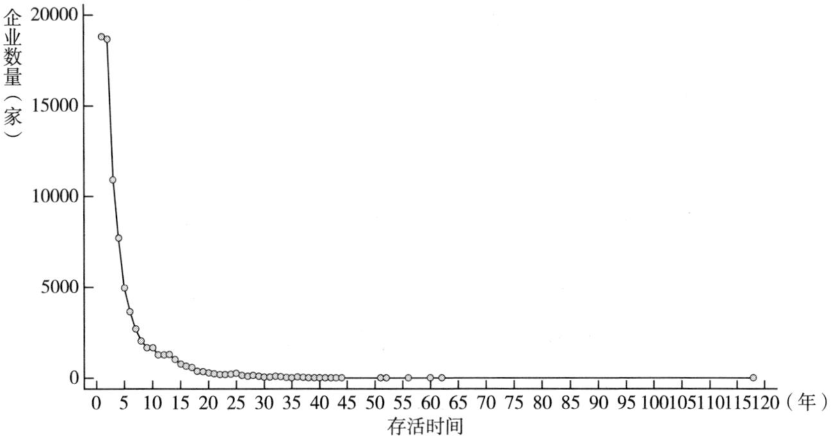

图 4－12　广东省住宿和餐饮业企业存活时间分布

比达到 18.99%。企业存活期中位数处于 4 年左右，即超过一半的企业无法存活超过 4 年。

从图 4-12 可以看出，住宿和餐饮业企业存活时间越长，企业数量越少。存活期在 1 年以内的企业数量为 18808 家，占比达到 22.72%，存活期在 5 年以内的企业数量为 61081 家，占比达到 73.80%，而存活期在 10 年以上的企业数量为 9969 家，占比达到 12.04%。企业存活期中位数处于 2 年左右，即超过一半的企业无法存活超过 2 年。

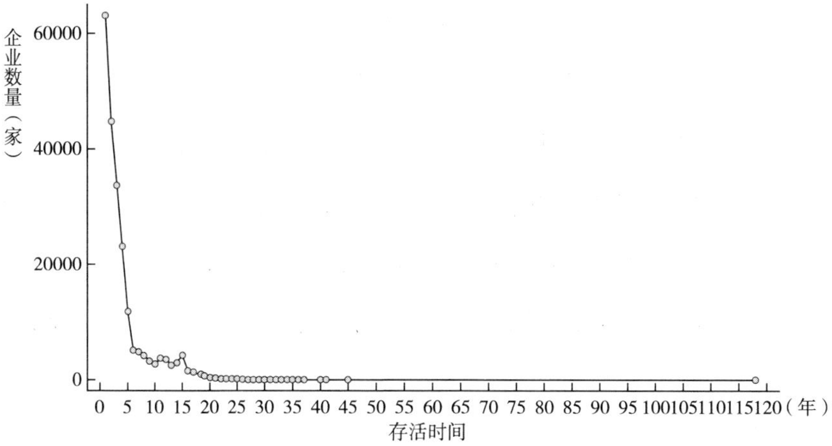

图 4-13　广东省息传输、软件和信息技术服务业企业存活时间分布

从图 4-13 可以看出，信息传输、软件和信息技术服务业企业存活时间越长，企业数量越少。存活期在 1 年以内的企业数量为 63155 家，占比达到 28.74%，存活期在 5 年以内的企业数量为 176591 家，占比达到 80.36%（准确值），而存活期在 10 年以上的企业数量为 23087 家，占比达到 10.51%。企业存活期中位数处于 2 年左右，即超过一半的企业无法存活超过 2 年。

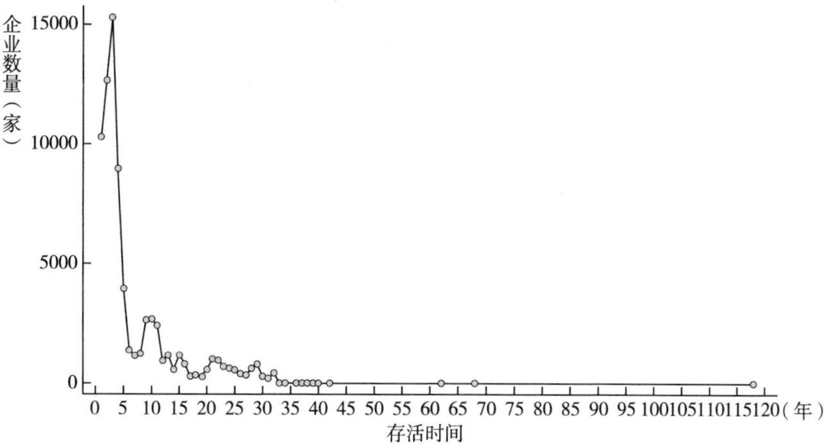

图 4－14　广东省金融业企业存活时间分布

从图 4－14 可以看出，金融业企业存活时间越长，企业数量越少。存活期在 1 年以内的企业数量为 10290 家，占比达到 13.57%，存活期在 5 年以内的企业数量为 51186 家，占比达到 67.52%，而存活期在 10 年以上的企业数量为 15519 家，占比达到 20.47%。企业存活期中位数处于 4 年左右，即超过一半的企业无法存活超过 4 年。

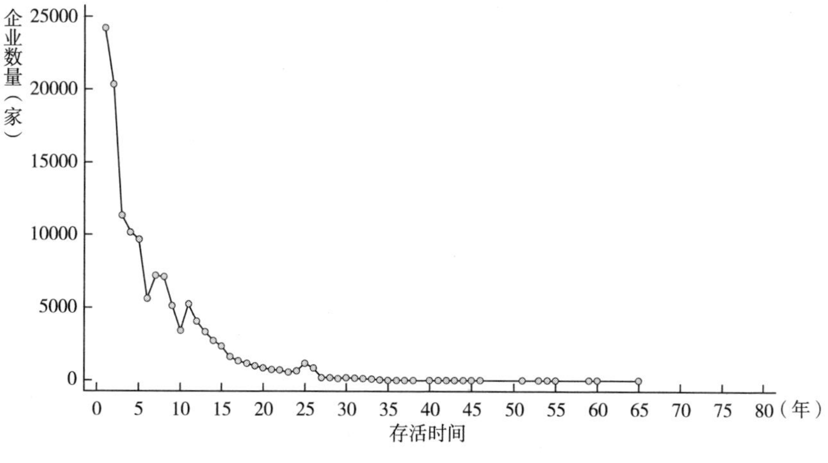

图 4－15　广东省房地产业企业存活时间分布

从图 4 - 15 可以看出，房地产业企业存活时间越长，企业数量越少。存活期在 1 年以内的企业数量为 24197 家，占比达到 18.10%，存活期在 5 年以内的企业数量为 75745 家，占比达到 56.67%，而存活期在 10 年以上的企业数量为 29429 家，占比达到 22.02%。企业存活期中位数处于 4 年左右，即超过一半的企业无法存活超过 4 年。

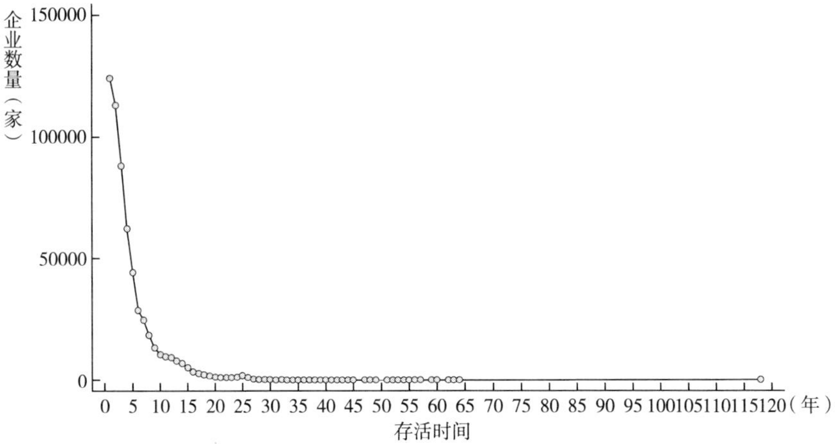

图 4 - 16　广东省租赁和商务服务业企业存活时间分布

从图 4 - 16 可以看出，租赁和商务服务业企业存活时间越长，企业数量越少。存活期在 1 年以内的企业数量为 124159 家，占比达到 21.08%，存活期在 5 年以内的企业数量为 432009 家，占比达到 73.34%，而存活期在 10 年以上的企业数量为 60914 家，占比达到 10.34%。企业存活期中位数处于 3 年左右，即超过一半的企业无法存活超过 3 年。

从图 4 - 17 可以看出，科学研究和技术服务业企业存活时间越长，企业数量越少。存活期在 1 年以内的企业数量为 67336 家，占

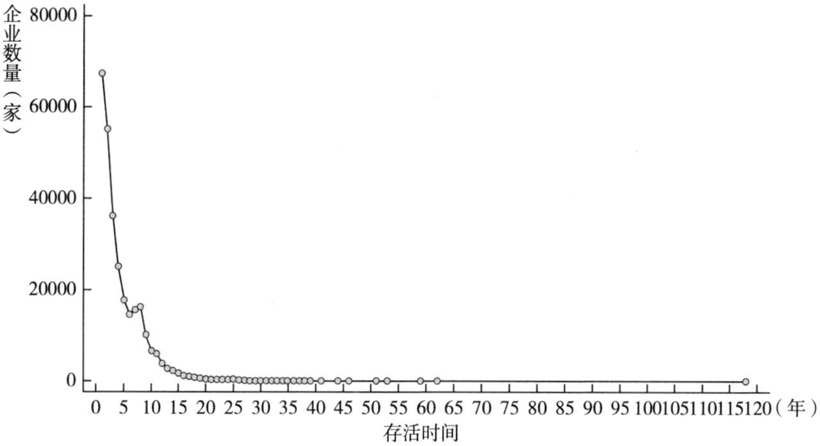

图 4－17　广东省科学研究和技术服务业企业存活时间分布图

比达到 23.44%，存活期在 5 年以内的企业数量为 201515 家，占比达到 70.14%，而存活期在 10 年以上的企业数量为 22668 家，占比达到 7.89%。企业存活期中位数处于 3 年左右，即超过一半的企业无法存活超过 3 年。

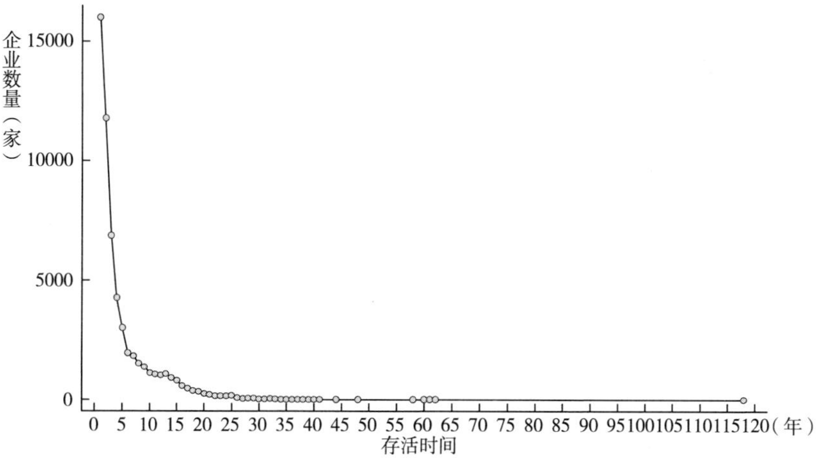

图 4－18　广东省水利、环境和公共设施管理业企业存活时间分布

从图 4－18 可以看出，水利、环境和公共设施管理业企业存活时间越长，企业数量越少。存活期在 1 年以内的企业数量为 16010 家，占比达到 27.66%，存活期在 5 年以内的企业数量为 41925 家，占比达到 72.44%，而存活期在 10 年以上的企业数量为 8161 家，占比达到 14.10%。企业存活期中位数处于 2 年左右，即超过一半的企业无法存活超过 2 年。

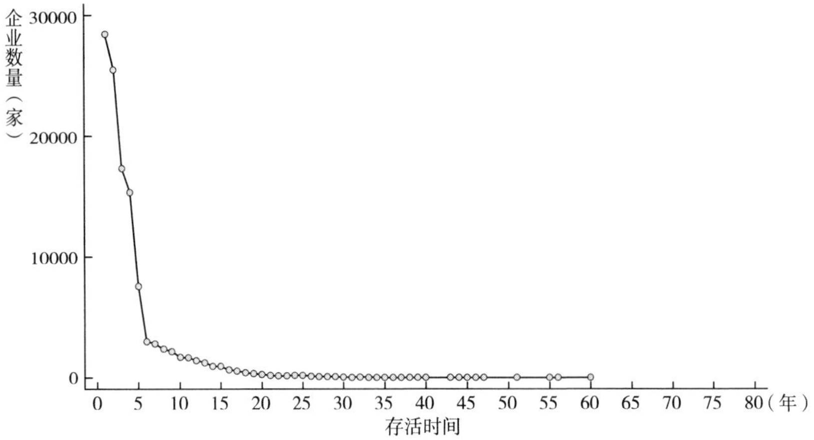

图 4－19　广东省居民服务、修理和其他服务业企业存活时间分布

从图 4－19 可以看出，居民服务、修理和其他服务业企业存活时间越长，企业数量越少。存活期在 1 年以内的企业数量为 28494 家，占比达到 24.57%，存活期在 5 年以内的企业数量为 94769 家，占比达到 81.72%，而存活期在 10 年以上的企业数量为 9605 家，占比达到 8.28%。企业存活期中位数处于 2 年左右，即超过一半的企业无法存活超过 2 年。

从图 4－20 可以看出，教育业企业存活时间越长，企业数量越少。存活期在 1 年以内的企业数量为 2649 家，占比达到 42.34%，存活期在 5 年以内的企业数量为 5695 家，占比达到

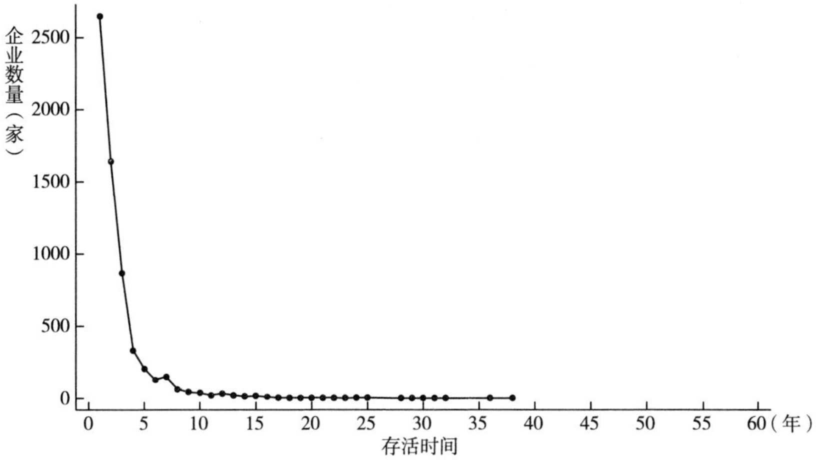

图 4－20　广东省教育业企业存活时间分布

91.03%，而存活期在 10 年以上的企业数量为 143 家，占比达到 2.29%。企业存活期中位数处于 2 年左右，即超过一半的企业无法存活超过 2 年。

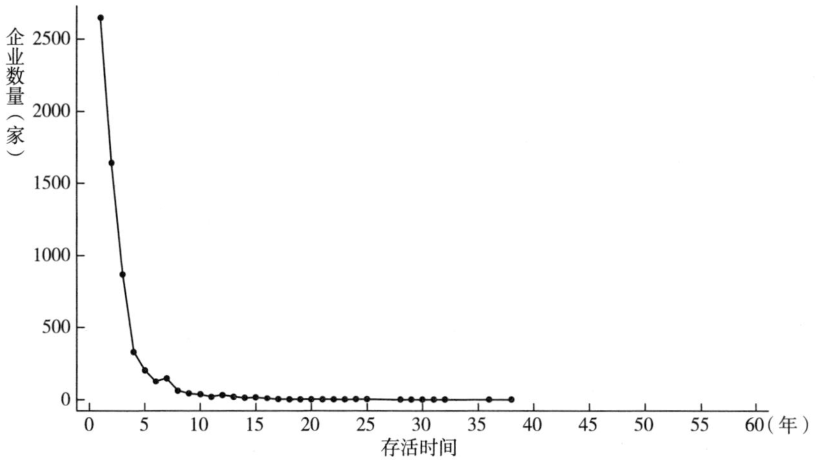

图 4－21　广东省卫生和社会工作业企业存活时间分布

从图 4－21 可以看出，卫生和社会工作业企业存活时间越长，企业数量越少。存活期在 1 年以内的企业数量为 294 家，占比达到 25.13%，存活期在 5 年以内的企业数量为 849 家，占比达到 72.56%，而存活期在 10 年以上的企业数量为 206 家，占比达到 17.61%。企业存活期中位数处于 3 年左右，即超过一半的企业无法存活超过 3 年。

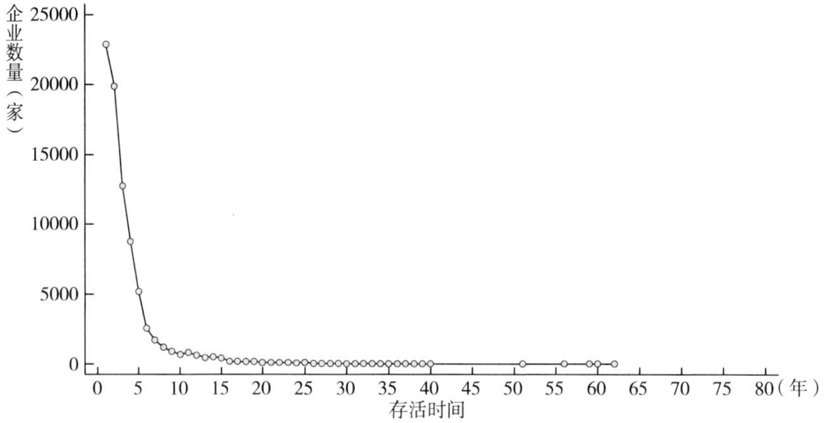

图 4－22 广东省文化、体育和娱乐业企业存活时间分布

从图 4－22 可以看出，文化、体育和娱乐业企业存活时间越长，企业数量越少。存活期在 1 年以内的企业数量为 22847 家，占比达到 28.29%，存活期在 5 年以内的企业数量为 69409 家，占比达到 85.94%，而存活期在 10 年以上的企业数量为 4341 家，占比达到 5.37%。企业存活期中位数处于 2 年左右，即超过一半的企业无法存活超过 2 年。

从上述各行业企业存活时间的对比，列出企业存活时间行业对比表，如表 4－2 所示。

表 4-2　企业存活时间行业对比

单位：年

行业	存活时间	行业	存活时间
农、林、牧、渔业	3	采矿业	5
制造业	5	电力、热力、燃气及水生产和供应业	6
建筑业	3	批发和零售业	3
交通运输、仓储和邮政业	4	住宿和餐饮业	2
信息传输、软件和信息技术服务业	2	金融业	4
房地产业	4	租赁和商务服务业	3
科学研究和技术服务业	3	水利、环境和公共设施管理业	2
居民服务、修理和其他服务业	2	教育业	2
卫生和社会工作业	3	文化、体育和娱乐业	2

从表 4-2 可以看出，第二产业中除建筑业以外，其他行业的企业存活时间平均达到 5 年，尤其是电力、热力、燃气及水生产和供应业的企业平均存活时间达到 6 年，而住宿和餐饮业、信息传输、软件和信息技术服务业、水利、环境和公共设施管理业、教育业、文化、体育和娱乐业、居民服务、修理和其他服务业的平均存活时间最短，仅有 2 年。

四　广东省企业存活时间的区域特征及演变趋势

从图 4-23 可以看出，广州企业存活时间越长，企业数量越少。存活期在 1 年以内的企业数量占比达到 24.44%，存活期在 5 年以内的企业占比达到 67.86%，而存活期在 10 年以上的企业占比达到 13.71%。企业存活期中位数处于 3 年左右，即超过一半的企业无法存活超过3年。

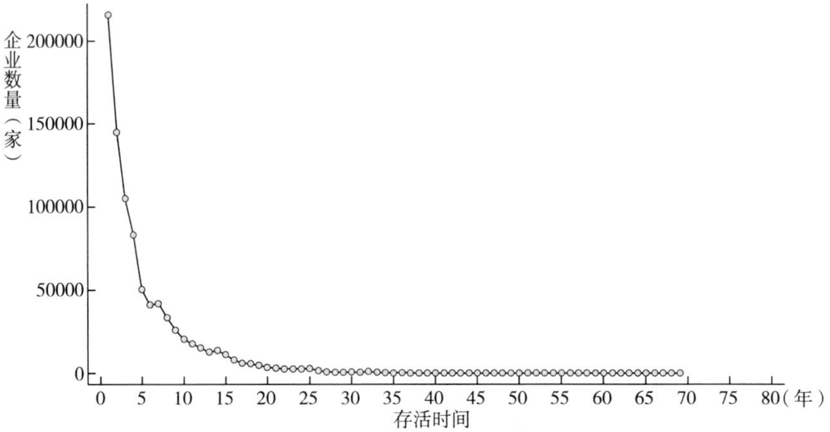

图4－23　广州市企业存活时间分布

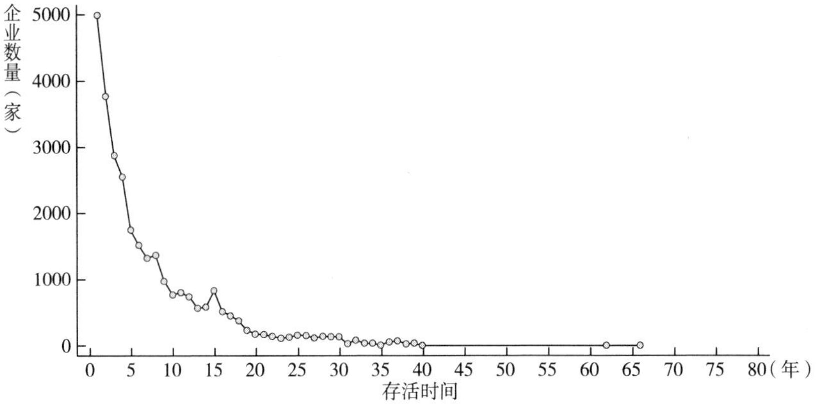

图4－24　韶关市企业存活时间分布

从图4－24可以看出，韶关企业存活时间越长，企业数量越少。存活期在1年以内的企业数量占比达到17.25%，存活期在5年以内的企业占比达到55.07%，而存活期在10年以上的企业占比达到24.34%。企业存活期中位数处于5年左右，即超过一半的企业无法存活超过5年。

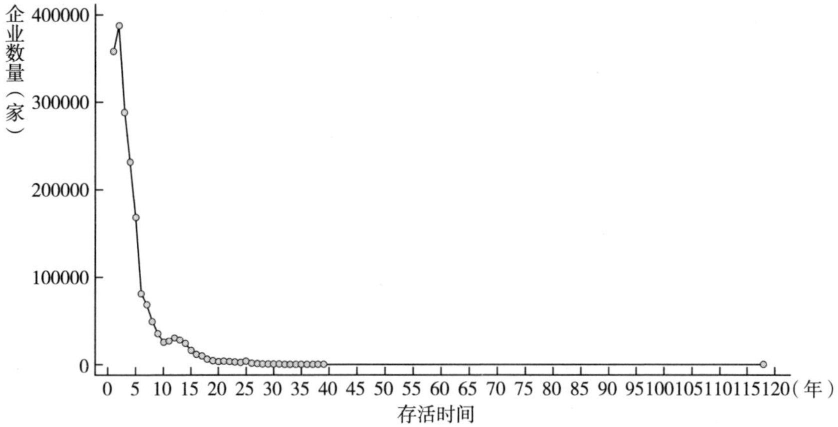

图 4－25　深圳市企业存活时间分布

从图 4－25 可以看出，深圳企业存活时间越长，企业数量越少。存活期在 1 年以内的企业数量占比达到 19.05%，存活期在 5 年以内的企业占比达到 76.27%，而存活期在 10 年以上的企业占比达到 9.84%。企业存活期中位数处于 3 年左右，即超过一半的企业无法存活超过 3 年。

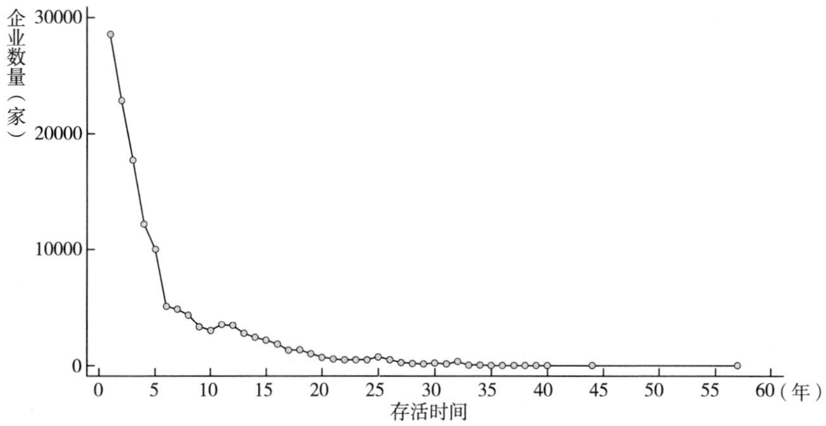

图 4－26　珠海市企业存活时间分布

从图 4－26 可以看出，珠海企业存活时间越长，企业数量越少。存活期在 1 年以内的企业数量占比达到 20.76%，存活期在 5 年以内的企业占比达到 66.39%，而存活期在 10 年以上的企业占比达到 18.53%。企业存活期中位数处于 3 年左右，即超过一半的企业无法存活超过 3 年。

从图 4－27 可以看出，汕头企业存活时间越长，企业数量越少。存活期在 1 年以内的企业数量占比达到 14.22%，存活期在 5 年以内的企业占比达到 47.22%，而存活期在 10 年以上的企业占比达到 32.97%。企业存活期中位数处于 6 年左右，即超过一半的企业无法存活超过 6 年。

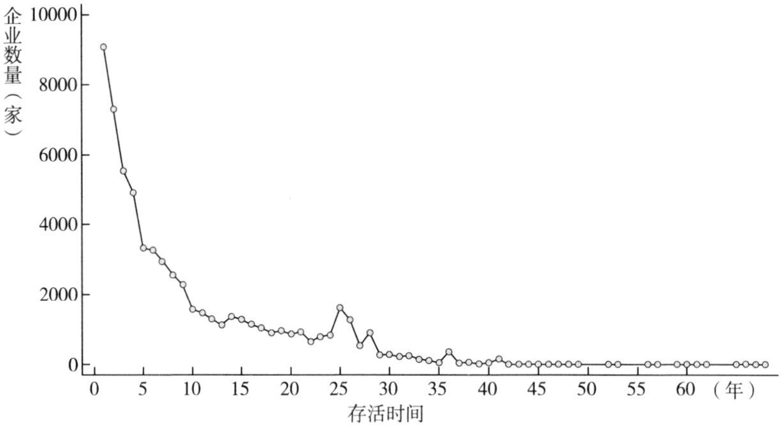

图 4－27　汕头市企业存活时间分布

从图 4－28 可以看出，佛山企业存活时间越长，企业数量越少。存活期在 1 年以内的企业数量占比达到 18.46%，存活期在 5 年以内的企业占比达到 60.36%，而存活期在 10 年以上的企业占比达到 19.60%。企业存活期中位数处于 4 年左右，即超过一半的企业无法存活超过 4 年。

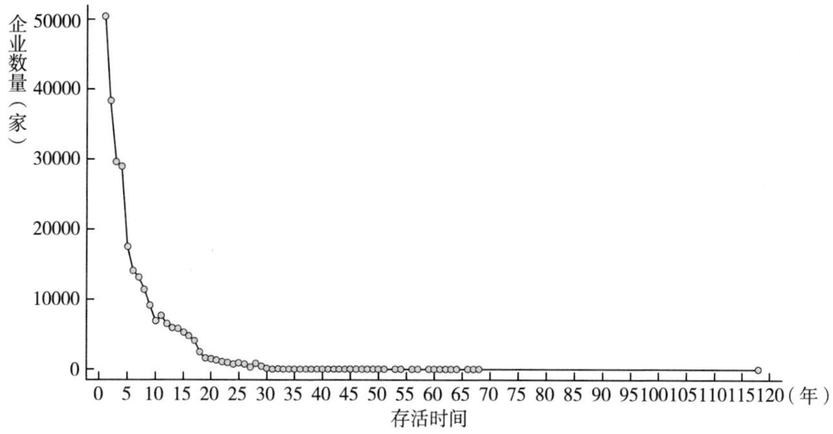

图 4－28　佛山市企业存活时间分布

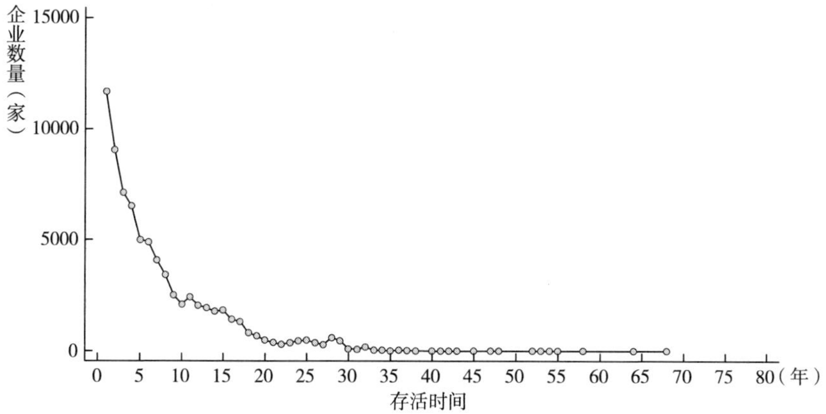

图 4－29　江门市企业存活时间分布

从图 4－29 可以看出，江门企业存活时间越长，企业数量越少。存活期在 1 年以内的企业数量占比达到 15.48%，存活期在 5 年以内的企业占比达到 52.23%，而存活期在 10 年以上的企业占比达到 25.21%。企业存活期中位数处于 5 年左右，即超过一半的企业无法存活超过 5 年。

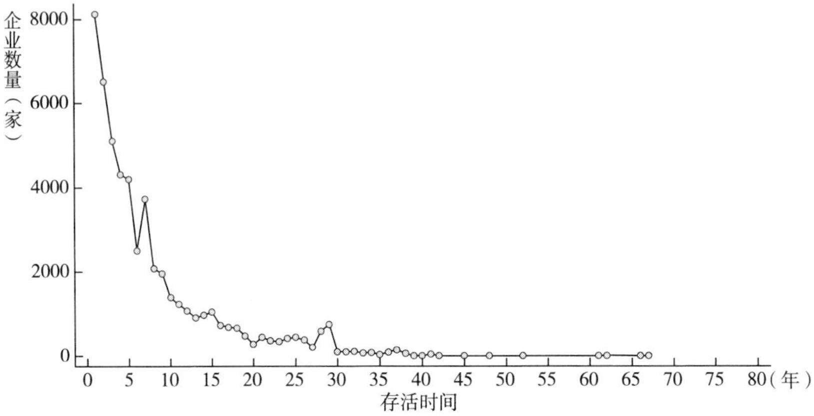

图 4－30　湛江市企业存活时间分布

从图 4－30 可以看出，湛江企业存活时间越长，企业数量越少。存活期在 1 年以内的企业数量占比达到 15.36%，存活期在 5 年以内的企业占比达到 53.44%，而存活期在 10 年以上的企业占比达到 24.49%。企业存活期中位数处于 5 年左右，即超过一半的企业无法存活超过 5 年。

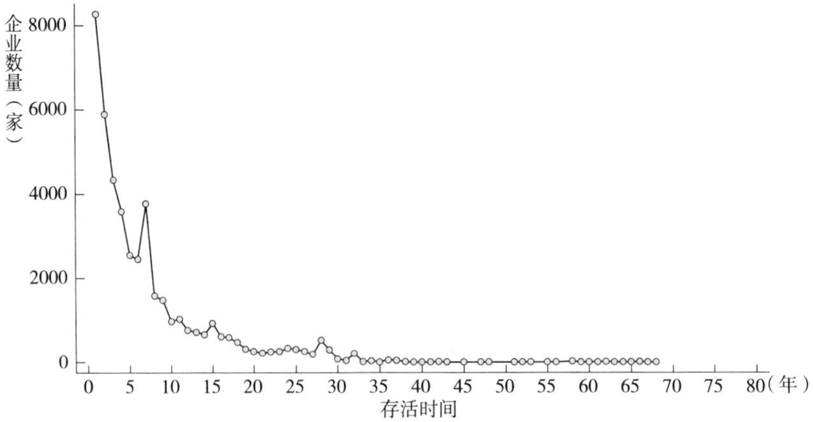

图 4－31　茂名市企业存活时间分布

从图 4－31 可以看出，茂名企业存活时间越长，企业数量越少。存活期在 1 年以内的企业数量占比达到 18.58%，存活期在 5 年以内的企业占比达到 55.31%，而存活期在 10 年以上的企业占比达到 21.64%。企业存活期中位数处于 5 年左右，即超过一半的企业无法存活超过 5 年。

从图 4－32 可以看出，肇庆企业存活时间越长，企业数量越少。存活期在 1 年以内的企业数量占比达到 19.33%，存活期在 5 年以内的企业占比达到 54.63%，而存活期在 10 年以上的企业占比达到 24.82%。企业存活期中位数处于 5 年左右，即超过一半的企业无法存活超过 5 年。

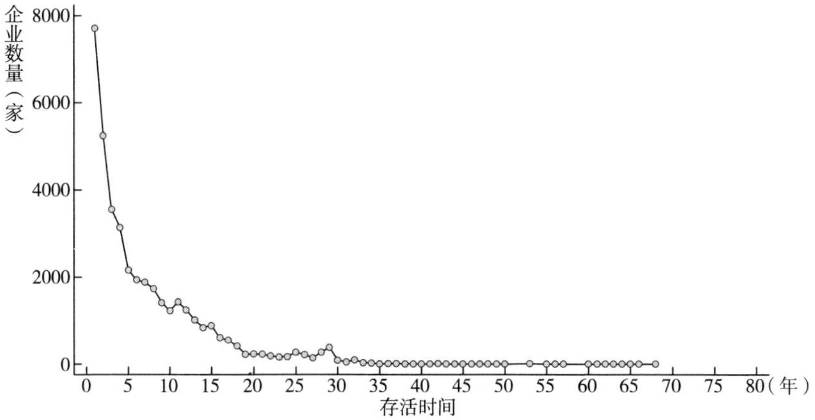

图 4－32　肇庆市企业存活时间分布

从图 4－33 可以看出，惠州企业存活时间越长，企业数量越少。存活期在 1 年以内的企业数量占比达到 21.27%，存活期在 5 年以内的企业占比达到 63.11%，而存活期在 10 年以上的企业占比达到 17.91%。企业存活期中位数处于 4 年左右，即超过一半的企业无法存活超过 4 年。

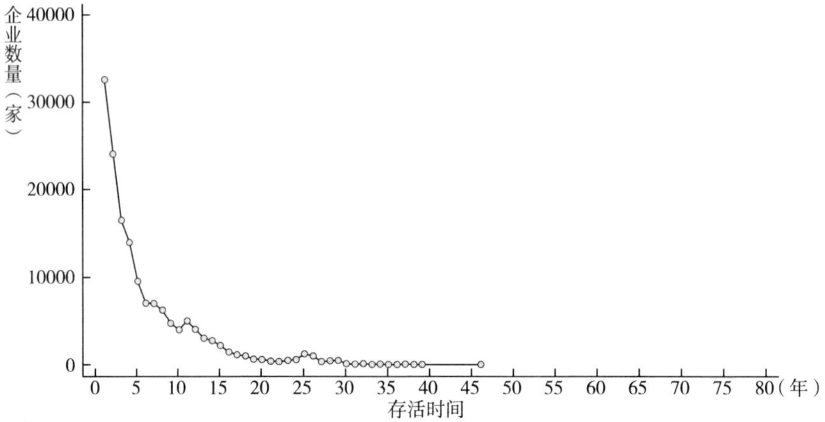

图 4－33　惠州市企业存活时间分布

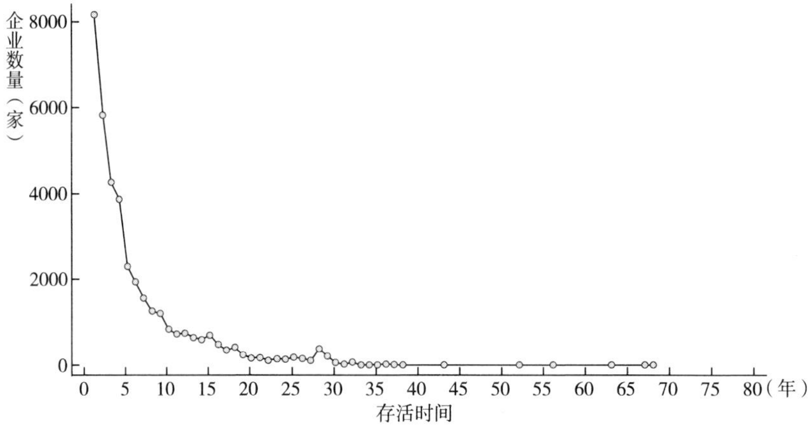

图 4－34　梅州市企业存活时间分布

从图 4－34 可以看出，梅州企业存活时间越长，企业数量越少。存活期在 1 年以内的企业数量占比达到 21.43%，企业存活期在 5 年以内的企业占比达到 64.06%，而存活期在 10 年以上的企业占比达到 18.07%。企业存活期中位数处于 3 年左右，即超过一半的企业无法存活超过 3 年。

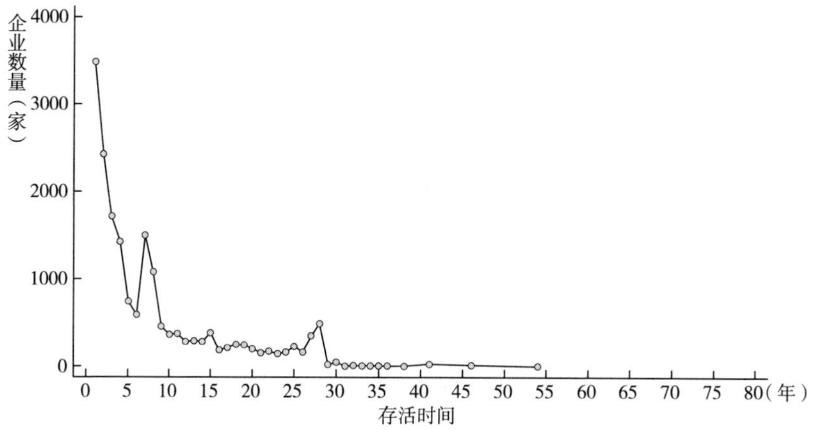

图 4-35　汕尾市企业存活时间分布

从图 4-35 可以看出，汕尾企业存活时间越长，企业数量越少。存活期在 1 年以内的企业数量占比达到 18.84%，企业存活期在 5 年以内的企业占比达到 52.92%，而存活期在 10 年以上的企业占比达到 25.51%。企业存活期中位数处于 5 年左右，即超过一半的企业无法存活超过 5 年。

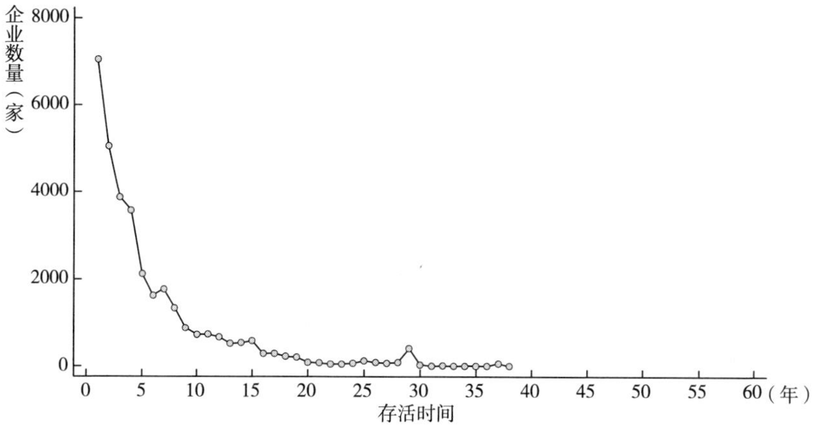

图 4-36　河源市企业存活时间分布

从图 4－36 可以看出，河源企业存活时间越长，企业数量越少。存活期在 1 年以内的企业数量占比达到 21.16%，存活期在 5 年以内的企业占比达到 65.12%，而存活期在 10 年以上的企业占比达到 15.83%。企业存活期中位数处于 3 年左右，即超过一半的企业无法存活超过 3 年。

从图 4－37 可以看出，阳江企业存活时间越长，企业数量越少。存活期在 1 年以内的企业数量占比达到 16.14%，存活期在 5 年以内的企业占比达到 57.34%，而存活期在 10 年以上的企业占比达到 19.21%。企业存活期中位数处于 4 年左右，即超过一半的企业无法存活超过 4 年。

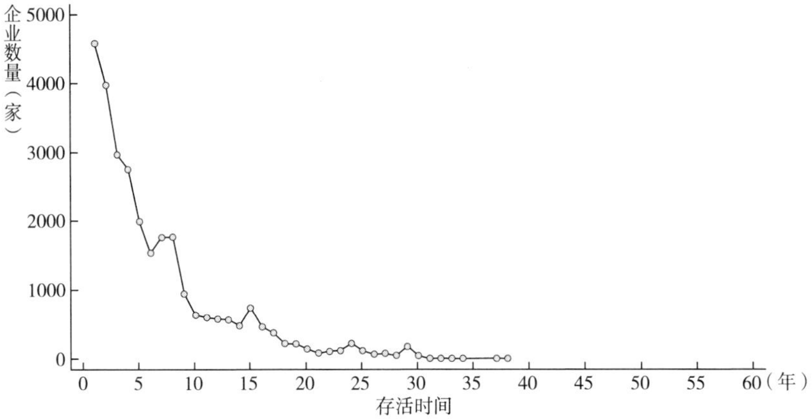

图 4－37　阳江市企业存活时间分布

从图 4－38 可以看出，清远企业存活时间越长，企业数量越少。存活期在 1 年以内的企业数量占比达到 20.01%，存活期在 5 年以内的企业占比达到 62.33%，而存活期在 10 年以上的企业占比达到 16.97%。企业存活期中位数处于 4 年左右，即超过一半的企业无法存活超过 4 年。

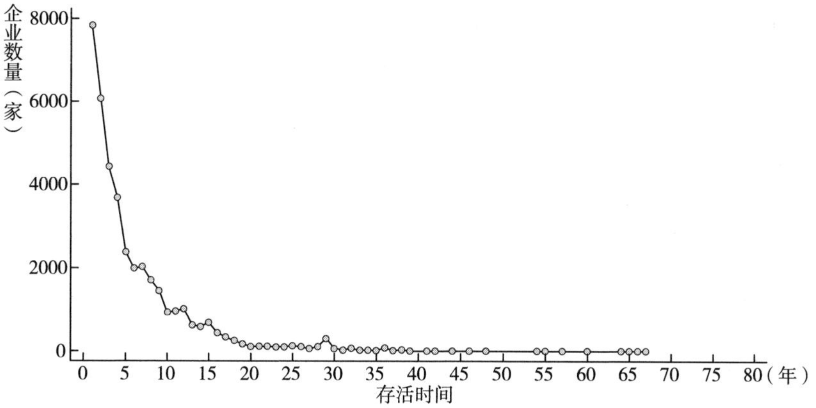

图 4-38　清远市企业存活时间分布

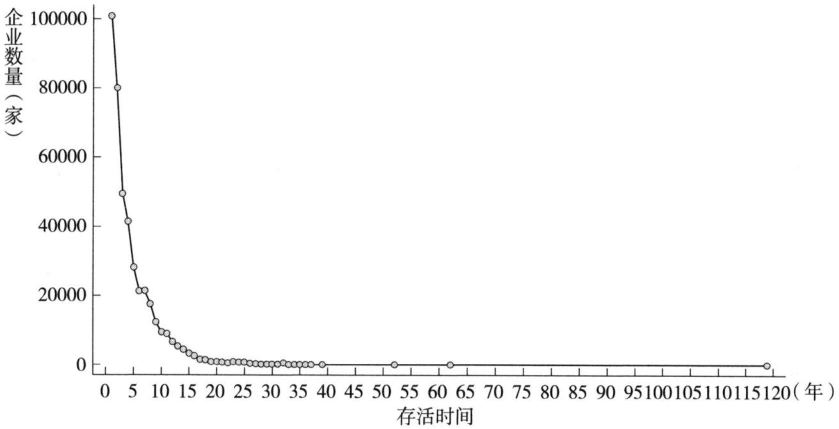

图 4-39　东莞市企业存活时间分布

从图 4-39 可以看出，东莞企业存活时间越长，企业数量越少。存活期在 1 年以内的企业数量占比达到 23.79%，存活期在 5 年以内的企业占比达到 70.80%，而存活期在 10 年以上的企业占比达到 9.84%。企业存活期中位数处于 3 年左右，即超过一半的企业无法存活超过 3 年。

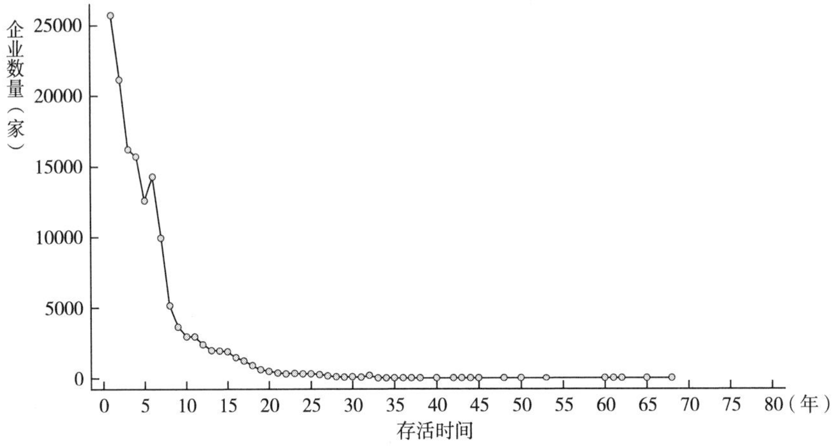

图 4－40　中山市企业存活时间分布

从图 4－40 可以看出，中山企业存活时间越长，企业数量越少。存活期在 1 年以内的企业数量占比达到 17.65%，存活期在 5 年以内的企业占比达到 62.65%，而存活期在 10 年以上的企业占比达到 12.68%。企业存活期中位数处于 4 年左右，即超过一半的企业无法存活超过 4 年。

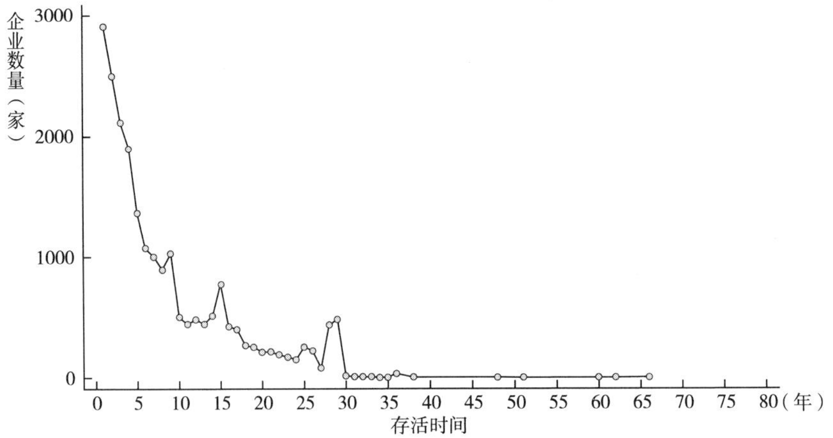

图 4－41　潮州市企业存活时间分布

从图 4－41 可以看出，潮州企业存活时间越长，企业数量越少。存活期在 1 年以内的企业数量占比达到 13.35%，存活期在 5 年以内的企业占比达到 49.48%，而存活期在 10 年以上的企业占比达到 29.85%。企业存活期中位数处于 5 年左右，即超过一半的企业无法存活超过 5 年。

从图 4－42 可以看出，揭阳企业存活时间越长，企业数量越少。存活期在 1 年以内的企业数量占比达到 22.01%，存活期在 5 年以内的企业占比达到 61.08%，而存活期在 10 年以上的企业占比达到 20.57%。企业存活期中位数处于 4 年左右，即超过一半的企业无法存活超过 4 年。

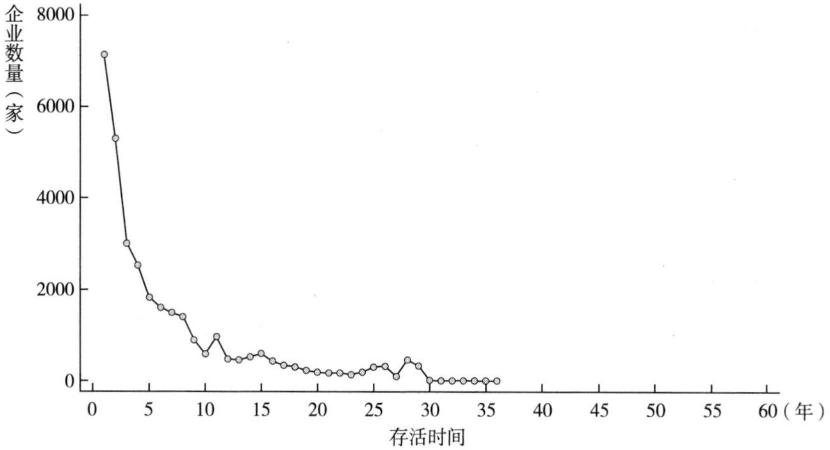

图 4－42　揭阳市企业存活时间分布

从图 4－43 可以看出，云浮企业存活时间越长，企业数量越少。存活期在 1 年以内的企业数量占比达到 20.27%，存活期在 5 年以内的企业占比达到 68.31%，而存活期在 10 年以上的企业占比达到 15.30%。企业存活期中位数处于 4 年左右，即超过一半的企业无法存活超过4年。

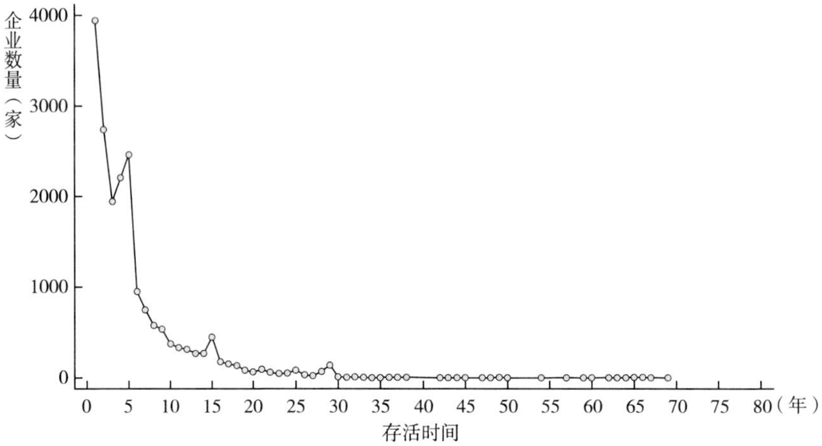

图4－43　云浮市企业存活时间分布

从图4－23～图4－43可以看出，广东省不同地市企业的存活时间与广东省整体情况较为类似，存活时间越长，企业数量越少。根据表4－3可以看出，广州、深圳、东莞的企业竞争压力更大，平均企业存活时间更短，而汕头、潮州、湛江、清远等地的企业平均存活时间更长。其中，汕头企业的平均存活时间最久，达到6年，而广州、深圳、珠海、梅州、河源、东莞的企业平均存活时间最短，仅为3年。

表4－3　不同地区企业平均存活时间对比

单位：年

地区	平均存活时间	地区	平均存活时间	地区	平均存活时间
广州	3	韶关	5	深圳	3
珠海	3	汕头	6	佛山	4
江门	5	湛江	5	茂名	5
肇庆	5	惠州	4	梅州	3

续表

地区	平均存活时间	地区	平均存活时间	地区	平均存活时间
汕尾	5	河源	3	阳江	4
清远	4	东莞	3	中山	4
潮州	5	揭阳	4	云浮	4

五 小结

本篇对企业平均存活时间的产业分布、行业分布以及地区分布特征进行分析，具体总结为以下三个方面的规律。

第一，对广东省企业存活时间的产业分布特征及演变趋势进行分析，发现第二产业的企业平均存活时间最长，而第三产业的企业平均存活时间最短。具体来看：（1）第一产业存活期在 1 年以内的企业数量为 6942 家，占比达到 17.62%，而存活期在 10 年以上的企业数量达到 5711 家，占比达到 14.50%。企业平均存活时间为 3 年左右。（2）第二产业存活期在 1 年以内的企业数量为 144755 家，占比达到 16.64%，而存活期在 10 年以上的企业数量为 198883 家，占比达到 22.86%。企业平均存活时间为 4 年左右。（3）第三产业存活期在 1 年以内的企业数量为 754879 家，占比达到 21.43%，而存活期在 10 年以上的企业数量为 392921 家，占比达到 11.16%。企业平均存活时间为 2 年左右。

第二，对广东省企业存活时间的行业分布特征及演变趋势进行分析，发现随着存活时间的增加，企业数量逐渐减少，且不同行业的企业存活时间差异较大。具体而言：第二产业中除建筑业以外，其他行业的企业存活时间平均达到 5 年，尤其是电力、热力、燃气及水生产和供应业的企业平均存活时间达到6年，而住宿和餐饮业、信息传输、软件和信息技术服务业、水利、环境和公共设施管理业、教育业、文化、体育和娱乐业、居民服务、修理和其他服务业的平均存活时间最短，仅有2年。

第三，对广东省企业存活时间的区域分布特征及演变趋势进行分析，发现广东省珠三角地区的企业平均存活时间为3.78年，而非珠三角地区的企业平均存活时间为4.42年。具体而言，汕头企业的平均存活时间最久，达到6年，韶关、江门、湛江、茂名、肇庆、汕尾、潮州等地企业的平均存活时间也达到5年，而广州、深圳、珠海、梅州、河源、东莞的企业平均存活时间最短，仅为3年。

退出篇

市场主体退出是指企业由于特定原因退出目标市场，注销登记，这是市场竞争机制和行政监管的必然结果。长期以来，一些市场主体面临退出难的问题，主要是步骤繁、周期长、材料复杂。公司注销一般要经过十道程序，比创建一家公司还繁杂。公司从申请注销到完成退出程序最快1.5个月，如果稍有耽搁要3个月以上。注销登记的材料分为十大类。为了改变企业退出难的现状，2018年11月14日，中央全面深化改革委员会第五次会议通过了《加快完善市场主体退出制度改革方案》。此次会议强调，完善市场主体退出制度，对推进供给侧结构性改革、完善优胜劣汰的市场机制、激发市场主体竞争活力、推动经济高质量发展具有重要意义。

供给侧结构性改革需要市场主体有效参与，将不符合改革意图的企业特别是一些“僵尸企业”及时清退，踢开绊脚石，改革才能顺利推进。市场竞争机制要求将不符合市场游戏规则的企业及时清出市场，市场竞争才能真正做到优胜劣汰、公平公正。市场主体新陈代谢，有退出才有活力，因此，本篇通过对广东省注销企业及企业退出率的总体特征与演变趋势、行业分布特征及演变趋势、区域分布特征及演变趋势进行逐一分析，以期更好地总结广东企业发展的经验与不足。

一 广东省企业退出率总体特征及演变趋势

本篇对广东省 1990 ~ 2017 年工商企业注销数量进行了总体分析，其分布情况如图 5 - 1 所示。

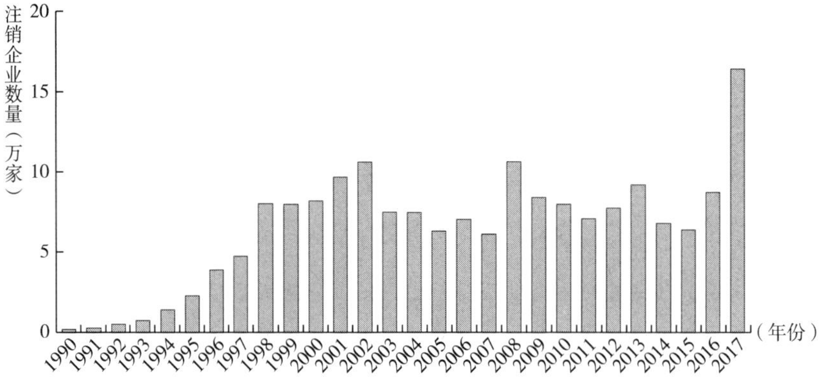

图 5 - 1 1990 ~ 2017 年广东省注销企业数量变化

从图 5 - 1 可以看出，整体上，自 1990 年以来，广东省工商企业注销数量大致可以分为两个阶段：第一阶段为 1990 ~ 1998 年，这一时期的企业注销数量不断上升，由 1990 年的 0. 22 万家上升至 1998 年的 8. 03 万家；第二阶段为 1999 ~ 2016 年，这一时期的企业注销数量较为稳定，年均注销企业数量保持在 8 万家左右，尤其值得关注的是，在整个统计期内，2017 年的注销企业数量最多，达到 16. 40 万家。

以 1990 年为基期，我们绘制了广东省注销企业数量年增速变化趋势图，从图 5 - 2 可以看出，注销企业数量年增速大致可以分

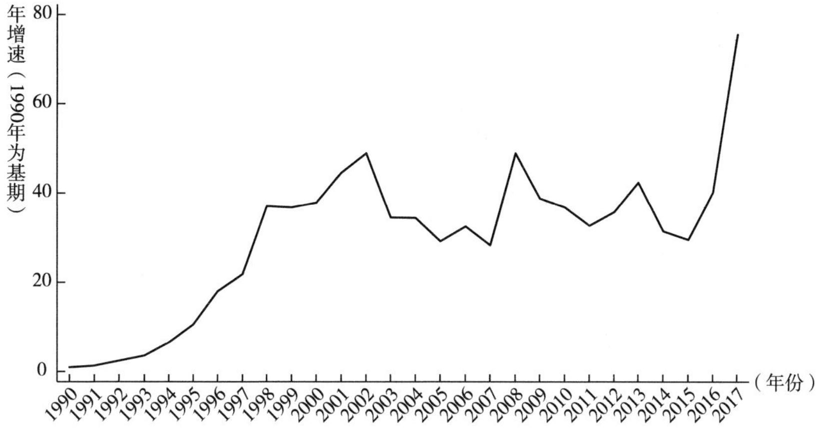

图 5－2　1990～2017 年广东省注销企业数量年增速变化

为两个阶段：第一阶段为 1990～1998 年，这一时期的注销企业数量年增速不断上升，自 1990 年的基期不断上升至 1998 年的 37.03%；第二阶段为 1999～2016 年，这一时期的注销企业数量年增速较为稳定，平均增速为 36.86%，而 2017 年，随着实体经济转型发展，广东省也面临着“增长速度换挡期、结构调整阵痛期、前期刺激政策消化期”三期叠加的经济发展新常态，注销企业数量激增，年增速达到 75.59%。

为企业提供有序进入与退出的市场环境是商事制度改革的根本目的，而不同时期市场中企业总数的差异显著，因此，仅仅依靠退出企业数量可能无法完整地反映出政策效果，因此我们对广东省企业退出率进行统计分析。其中，当年退出率为当年注销企业数量与当年累计存续企业数量之比，当年累计存续企业数量的定义以 1949 年为基期，计算自 1949 年起至统计当年，存续企业数量的累计汇总。例如，1991 年的累计当年存续企业数量为 1949～1991 年存续企业数量的累计和，当年存续企业为当年新注册企业数量与当年注销企业数量之差。

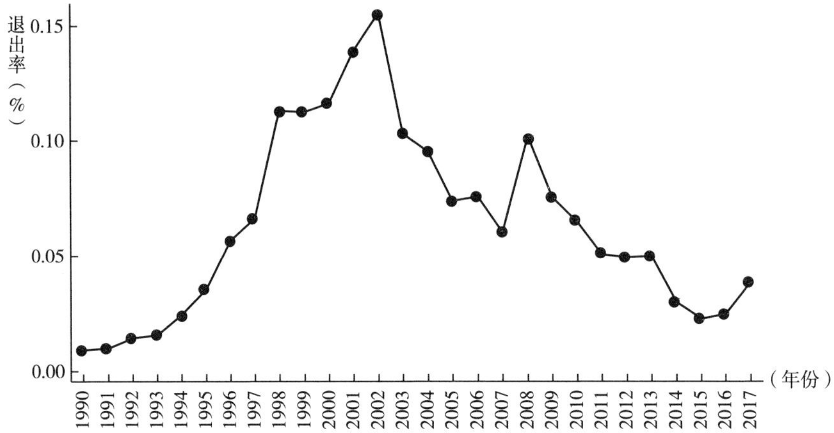

图 5－3　1990～2017 年广东省企业退出率变化

根据图 5－3 可以看出，1990～2017 年广东省企业退出率呈现先上升后波动下降的趋势。具体来看，1990～2002 年，企业退出率显著上升，从最低值 1990 年的 0.91% 上升至 2002 年的最高值 15.53%。说明在这一时期内，企业退出市场的自由程度逐渐提升，广东省市场化程度有明显改善。随后，在 2003～2017 年出现了波动下降的趋势，其中，2003～2007 年，企业退出率逐年下降，由 2003 年的 10.31% 下降至 2007 年的 6.04%，这一阶段出现下降的原因主要得益于国内加入 WTO 以后，广东省作为全国对外经贸大省，实体经济得到大力发展，企业存活能力也显著提升，因此企业退出率下降较为迅速，但受 2007 年全球金融危机影响，2007～2008 年，企业退出率回升至 10.19%，在此之后，有逐渐回落至 2015 年的 2.27%，近两年来，均稳定在 3% 左右。

从图 5－4 可以看出，1990～2000 年广东省第一产业企业注销

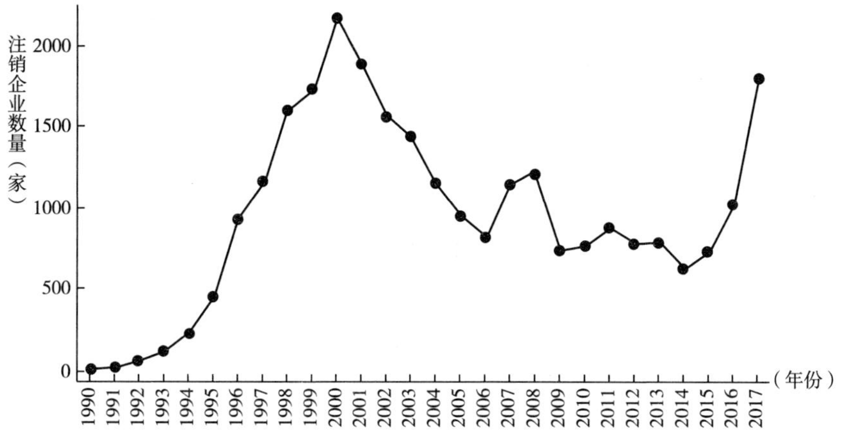

图 5-4　广东省第一产业注销企业数量变化

数量一直是稳步增长的，且在 2000 年达到了 1990～2017 年企业注销数量的最大值。2001～2006 年是广东省第一产业注销企业数量的一个连续下降阶段，随后的 2006～2014 年是一个较为波动的阶段，2007 年和 2008 年注销数量上升，2009 年瞬间下降且低于第一次下降阶段的最低值，2009～2014 年小幅度波动变化。2015～2017 年又恢复逐步增长的变化趋势，且增长速度逐渐加快。

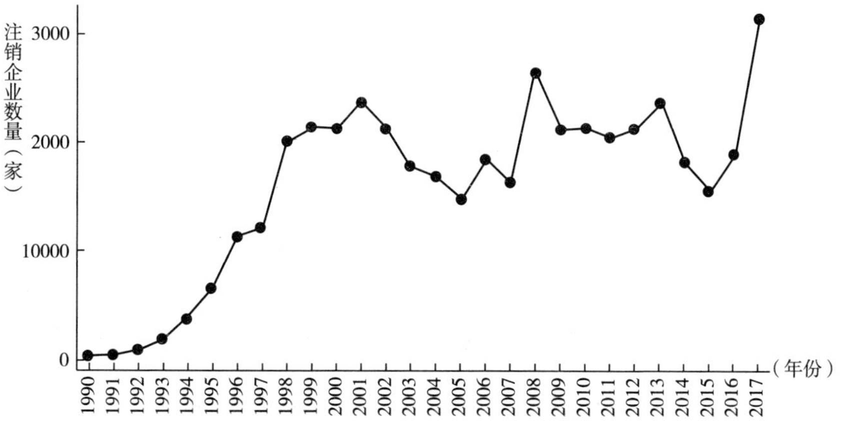

图 5-5　广东省第二产业注销企业数量变化

从图 5－5 可以看出，广东省第二产业注销企业数量变化整体呈现波动上升趋势，且波动趋势非常明显，1990～2001 年是一个上升阶段，1990～1996 年广东省第二产业注销企业数量稳步上升，在随后的 1996～2001 年的爬升过程中，2000 年出现微弱下降，其余几年均快速上升。2002～2005 年连续四年下降，随后在 2006～2015 年，广东第二产业企业注销数量呈现明显的波动变化趋势，2006 年数量稍有上升，2007 年数量又微弱下降，2008 年又迅速上升达到一个小峰值，2009～2012 年注销数量变化不显著，2013 年短期上升随后两年又连续下降，2016～2017 年又快速爬升，尤其 2017 年注销数量最大，增长速度最快，上升趋势非常明显，且在 2017 年年初达到了 1990 年以来的峰值。

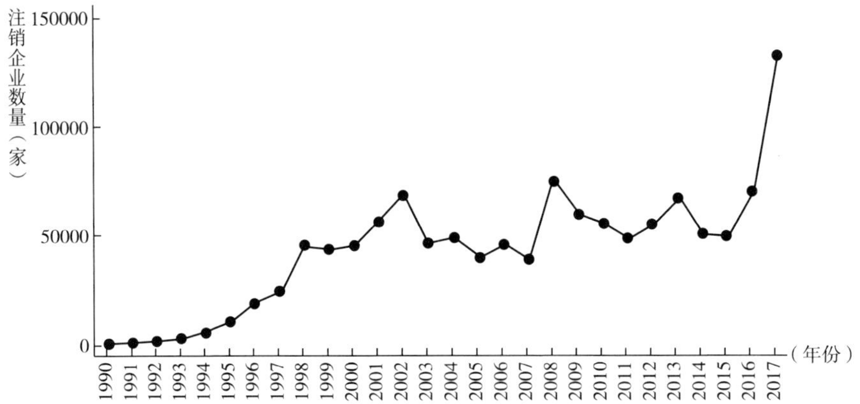

图 5－6　广东省第三产业注销企业数量变化

从图 5－6 可以看出，广东省第三产业注销企业数量变化趋势整体呈现波动上升趋势，1990～2002 年是一个上升阶段，在这一阶段中除 1999 年微弱下降外，其余几年均稳步上升，随后 2003～2015 年是一个波动的阶段，相对而言，2008 年上升趋势较为显著，2016 年和 2017 年连续上升，且 2017 年企业注销数量剧增，上升速度非常快，最终在 2017 年年初达到了 1990 年以来的峰值。

二　广东省企业退出率的行业特征及演变趋势

为了对产业内部各细分行业的结构变化做更进一步的分析，图 5-7 反映了 1990 ~ 2017 年广东省各行业企业退出率的变化情况。

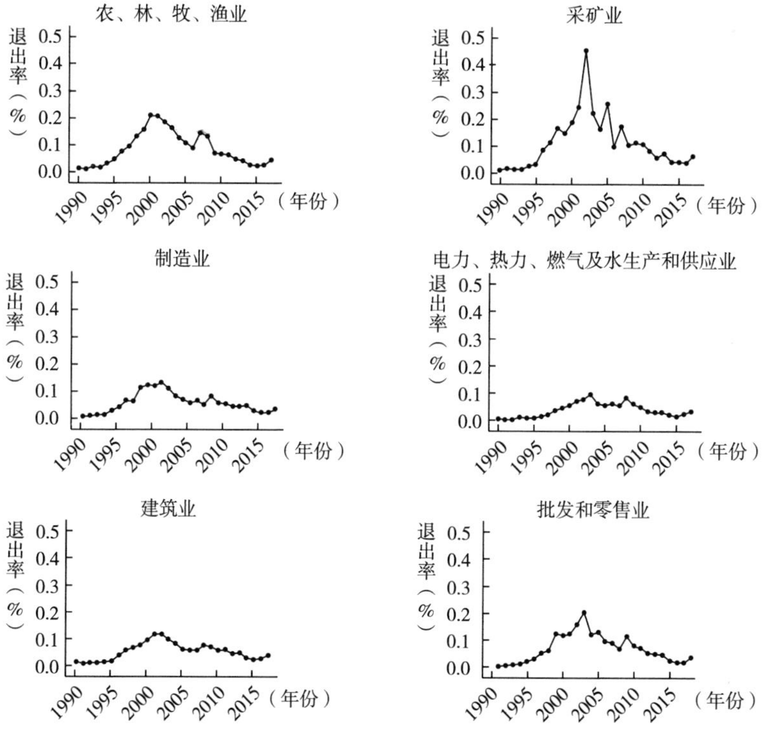

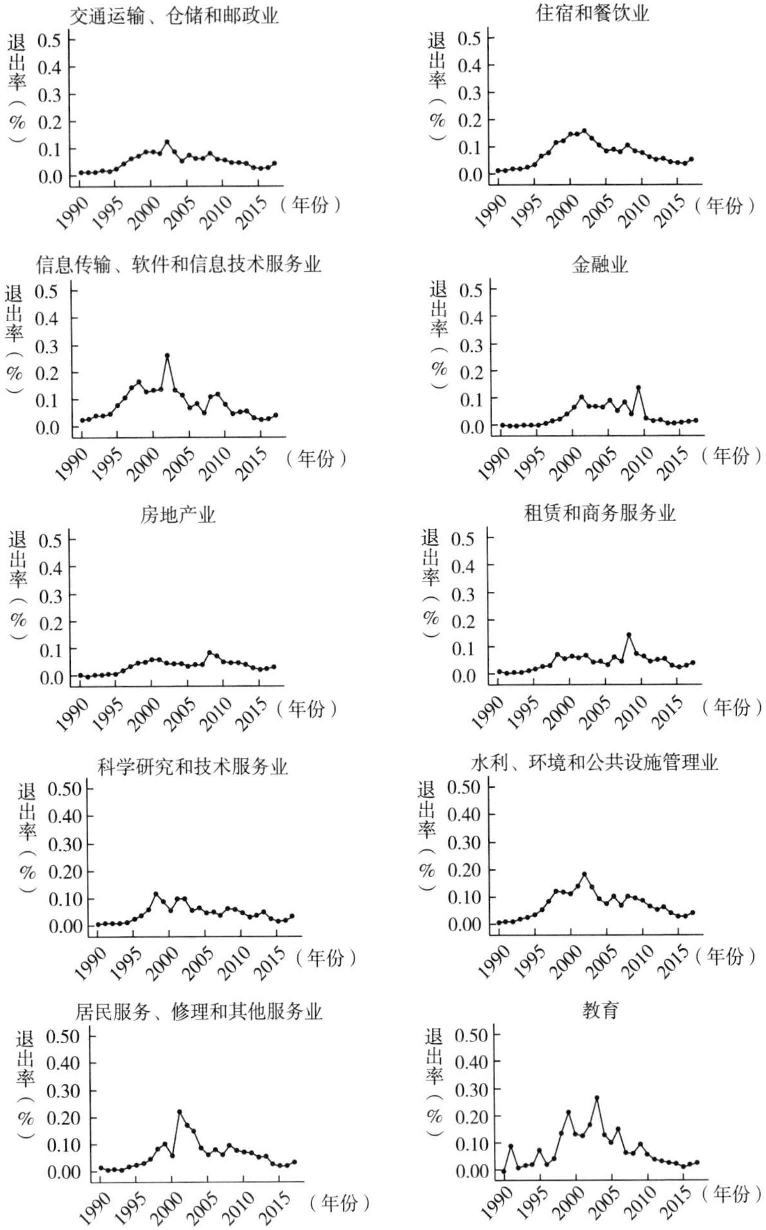
交通运输、仓储和邮政业
住宿和餐饮业
信息传输、软件和信息技术服务业
金融业
房地产业
租赁和商务服务业
科学研究和技术服务业
水利、环境和公共设施管理业
居民服务、修理和其他服务业
教育
退出率（%）
（年份）

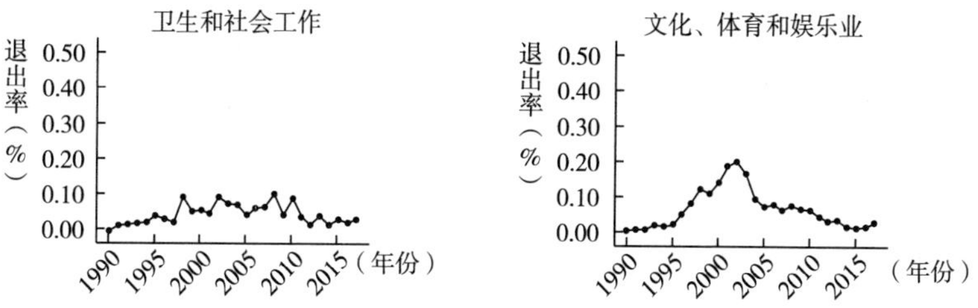

图 5－7　1990～2017 年广东省各行业企业退出率变化

从图 5－7 可以看出，采矿业、批发和零售业、信息传输、软件和信息技术服务业、金融业、水利、环境和公共设施管理业、居民服务、修理和其他服务业、教育业以及文化、体育和娱乐业的企业退出率在不同时间的波动较大，它们对第二产业和第三产业内部的结构变动起到了重要影响，而其他行业的企业退出率变化则较为平稳。

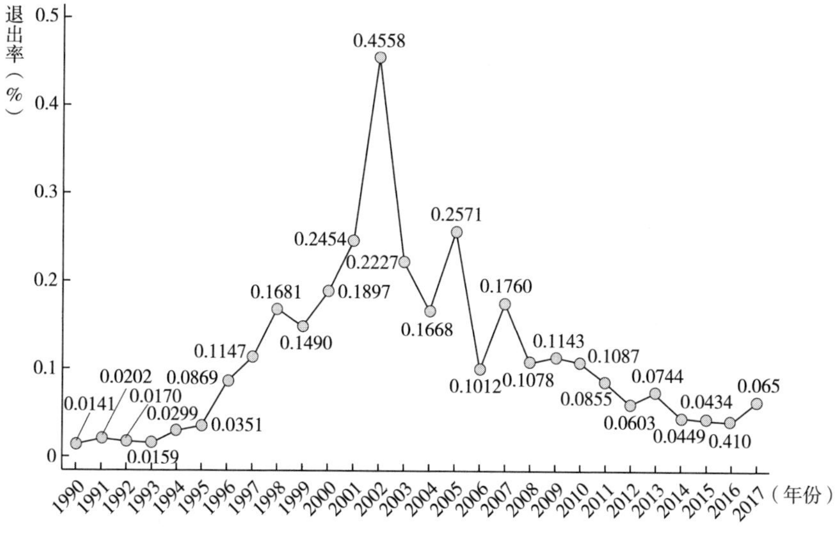

图 5－8　1990～2017 年广东省采矿业企业退出率变化

从图 5－8 可以看出，广东省采矿业的企业退出率变化整体呈现先波动上升后波动下降的趋势，1990～2002年为上升阶段，2003～2017年为下降阶段。在上升阶段中，除1999年广东省采矿业企业退出率出现微弱下降外，其余几年上升趋势均非常明显，且连续上升至1990～2017年的峰值45.58%，其中2002年上升速度最快，退出率从年初的24.54%迅速上升至45.58%；在2003～2017年的波动下降阶段中，2003年和2004年连续快速下降，迅速从峰值下降到16.68%，随后2005年又快速上升至25.71%，2006年又再次快速下降到10.12%，2007年短暂上升至17.6%，最终2016年波动下降至4.1%，2017年小幅上升至6.5%。

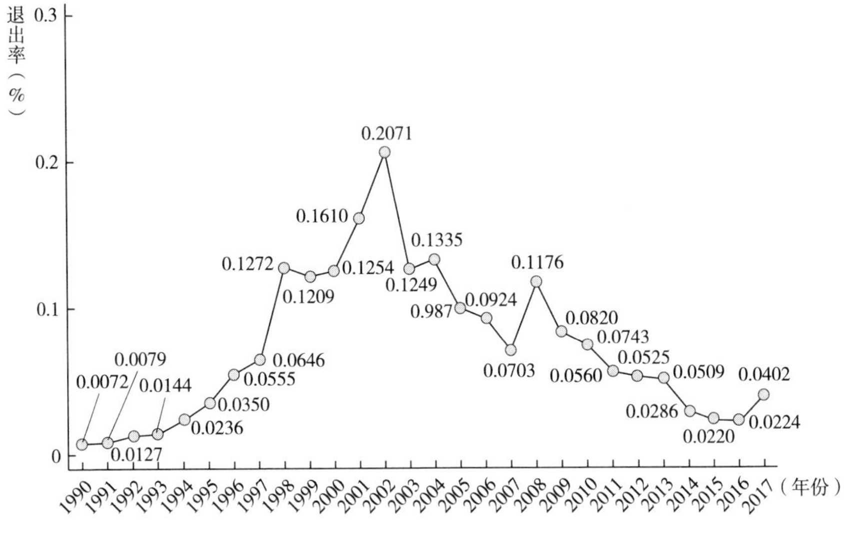

图5－9　1990～2017年广东省批发和零售业企业退出率变化

从图5－9可以看出，1990～2017年广东省批发和零售业企业退出率整体呈现先波动上升后波动下降的趋势，在1990～2002年的上升阶段中除1999年又有微弱下降外，其余几年均显著上升，尤其是1998年、2001年和2002年这三年批发和零售业企业退出率上升速度非常快，2002 年达到 1990～2017 年的最高峰，退出率为 20.71%。随后开始波动下降，2003 年迅速由峰值下降至 12.10%，2004 年短暂回升至 13.35%，随后 2005～2007 年连续三年下降，2008 年短暂快速回升至 11.78%，随后 2009～2016 年逐年下降至 2.24%，2017 年又回升至 4.02%。

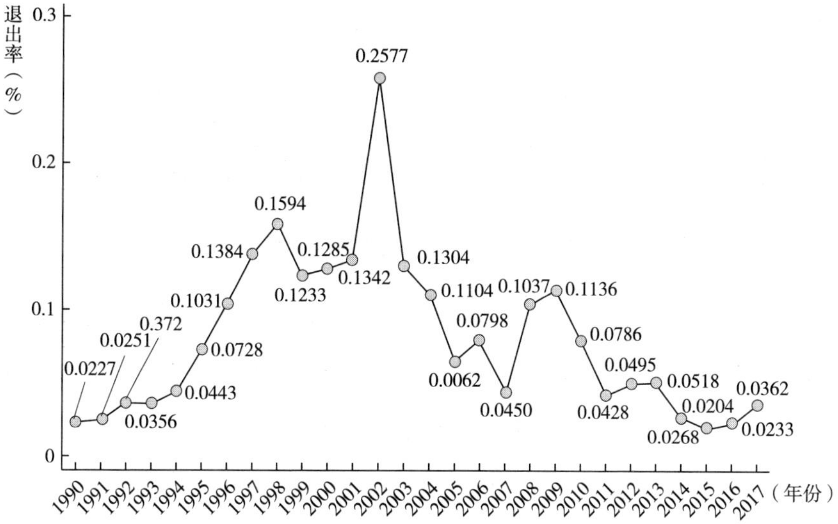

图 5－10　1990～2017 年广东省信息传输、软件和信息技术服务业企业退出率变化

从图 5－10 可以看出，1990～2017 年广东省信息传输、软件和信息技术服务业企业退出率整体呈现先波动上升后波动下降的趋势，在 1990～2002 年的上升阶段中除 1999 年有短暂下降外，其余几年均上升，尤其是 2002 年，信息传输、软件和信息技术服务业企业退出率上升速度最快，2002 年达到 1990～2017 年的最高峰，退出率为 25.77%，随后 2003～2007 年波动下降至 4.5%，2008 年和 2009 年短暂上升至 11.36%，2010～2015 年波动下降至 2.04%，2016 年和 2017 年小幅回升至 3.62%。

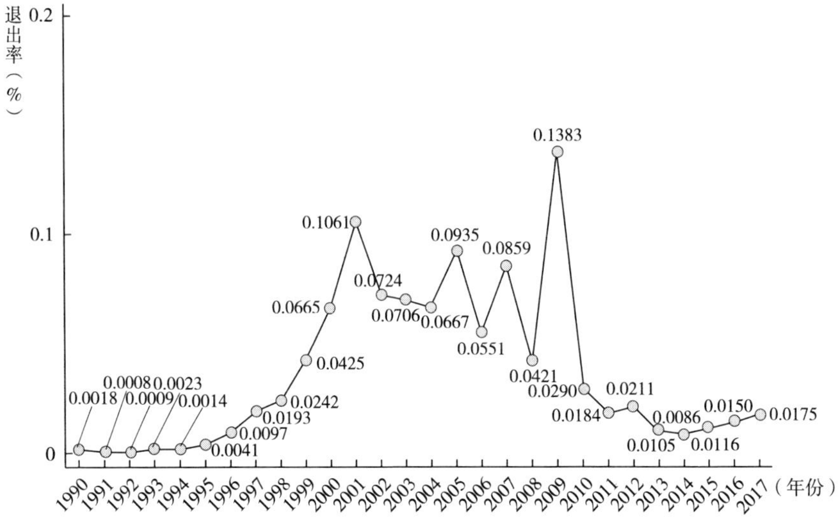

图 5-11　1990~2017 年广东省金融业企业退出率变化

从图 5-11 可以看出，1990~2017 年广东省金融业企业退出率整体变化较大，个别年份波动非常明显，1990~2001 年金融业退出率逐步增长，且增长速度也逐步加快，直到 2001 年达到一个小峰值 10.61%，随后 2001~2008 年为波动下降阶段，且这一阶段广东省金融业企业退出率变化很大，尤其是 2004~2008 年，有两次迅速上升，其结果甚至接近 2001 年的小峰值，随后又两次迅速下降，1990~2017 年，广东省金融业企业退出率波动最显著的是 2009 年和 2010 年，2009 年由最初的 4.21% 迅速上升到 1990~2017 年的峰值 13.83%，提高了 9.62 个百分点，随后，2010 年的下降趋势也非常显著，从峰值 13.83% 下降到 2.9%，下降了 10.93 个百分点，2011~2017 年广东省金融业企业退出率变化相对较小。

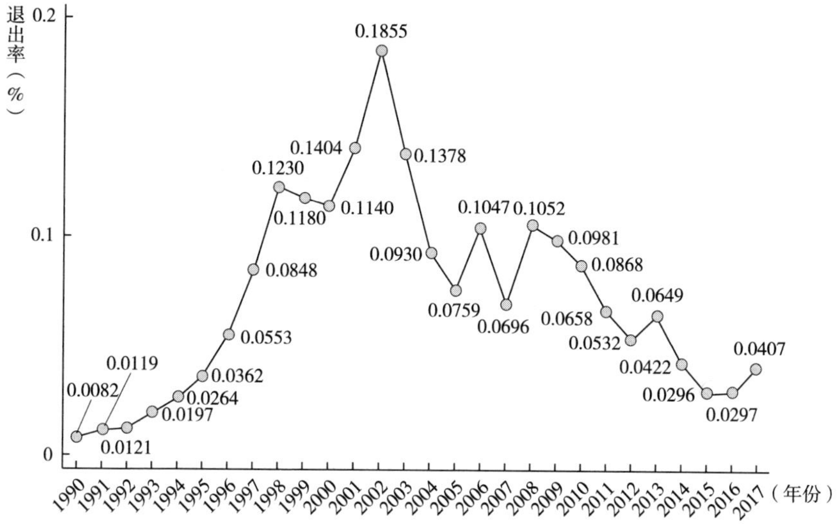

图 5－12　1990～2017 年广东省水利、环境和公共设施管理业企业退出率变化

从图 5－12 可以看出，1990～2017 年广东省水利、环境和公共设施管理业企业退出率整体呈现先波动上升后波动下降的趋势，在 1990～2002 年的上升阶段中除 1999 年和 2000 年有小幅度下降外，其余几年均显著上升，且上升速度逐步加快，尤其是 2002 年，广东省水利、环境和公共设施管理业企业退出率增长速度最快，2002 年达到 1990～2017 年的最高峰，退出率为 18.55%，随后 2003～2005 年波动下降至 7.59%，2006 年短暂上升至 10.47%，2007 年又快速回落至 6.96%，2008 年又再次上升至 10.52%，随后在 2009～2015 年波动下降至 2.96%，2016 年和 2017 年小幅回升至 4.07%。

从图 5－13 可以看出，1990～2017 年广东省居民服务、修理和其他服务业企业退出率整体呈现先波动上升后波动下降的趋势，在 1990～2001 年的上升阶段中除 2000 年有短暂下降外，其余几年

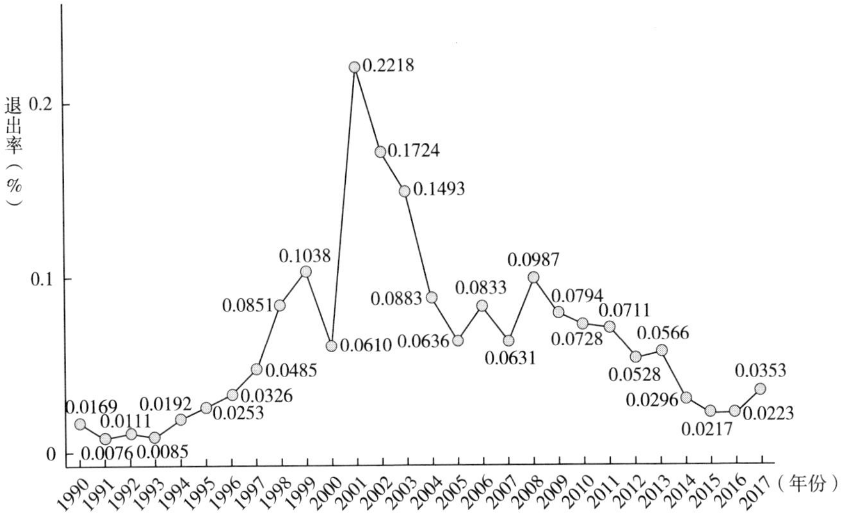

图 5－13　1990～2017 年广东省居民服务、修理和其他服务业企业退出率变化

均稳步上升，尤其是 2001 年，广东省居民服务、修理和其他服务业企业退出率上升速度最快，从 6.1% 迅速上升至 22.18%，提高了 16.08 个百分点，2001 年达到 1990～2017 年的最高峰，随后 2002～2005 年快速下降至 6.36%，2006 年短暂上升至 8.33%，2007 年又回落至 6.31%，2008 年又再次上升至 9.87%，随后在 2008～2015 年波动下降至 2.17%，2016 年和 2017 年小幅回升至 3.53%。

从图 5－14 可以看出，1990～2017 年广东省教育业企业退出率整体呈现先波动上升后波动下降的趋势，1990～2003 年为波动上升阶段，在这一阶段中，起始年份 1990 年广东省教育业企业退出率为 0，随后迅速上升到 1991 年的 9.09%，1992 年下降至 1%，随后三年连续上升至 7.46%，1996 年下降至 2.25%，1997～1999 年连续三年上升至 21.56%，2000 年和 2001 年下降至 12.86%，

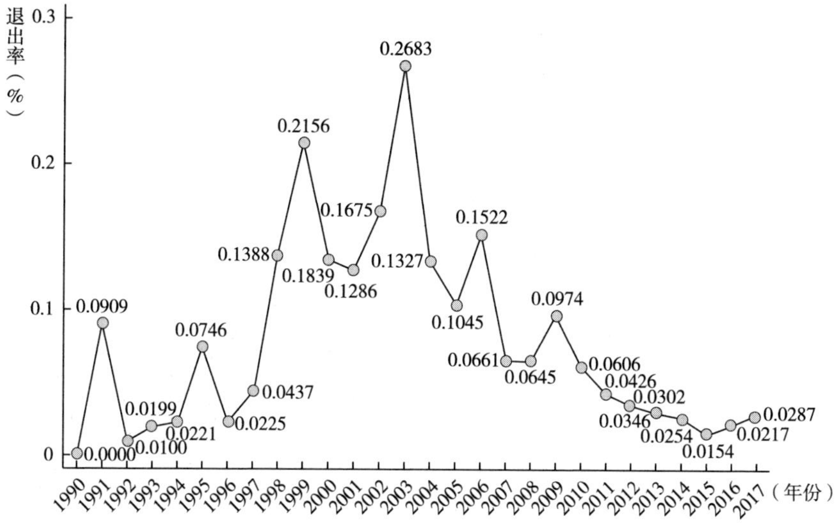

图 5 – 14　1990 ~ 2017 年广东省教育业企业退出率变化

2002 ~ 2003 年连续上升至 1990 ~ 2017 年的最高峰 26.83%。2004 ~ 2015 年是波动下降的阶段，在这一阶段中，除 2006 年和 2009 年企业退出率上升外，其余年份教育业企业退出率均在下降，尤其是 2004 年企业退出率直接从峰值下降至 13.27%，下降了 13.56 个百分点，最终 2016 ~ 2017 年广东省教育业企业退出率小幅爬升至 2.87%。

从图 5 – 15 可以看出，1990 ~ 2017 年广东省文化、体育和娱乐业企业退出率整体呈现先波动上升后波动下降的趋势，在 1990 ~ 2002 年的上升阶段中除 1999 年有小幅下降外，其余几年均稳步上升，从 1990 年的 0.76% 上升至 2002 年的 20.30%，2002 年达到了 1990 ~ 2017 年的峰值；在随后的波动下降阶段中，2003 ~ 2005 年连续三年下降至 7.72%，2006 ~ 2015 年波动下降至 1.76%，2016 年和 2017 年小幅上升至 3.25%。

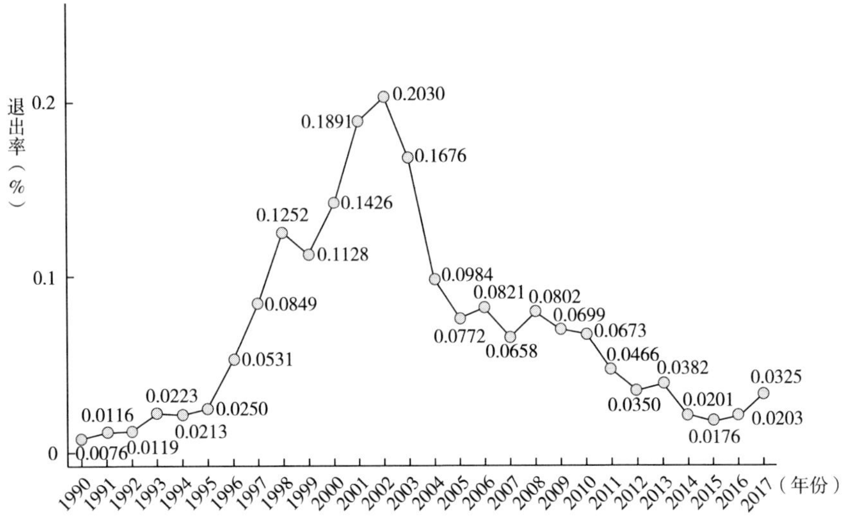

图 5－15　1990～2017 年广东省文化、体育和娱乐业退出率变化

三　广东省企业退出率的区域特征及演变趋势

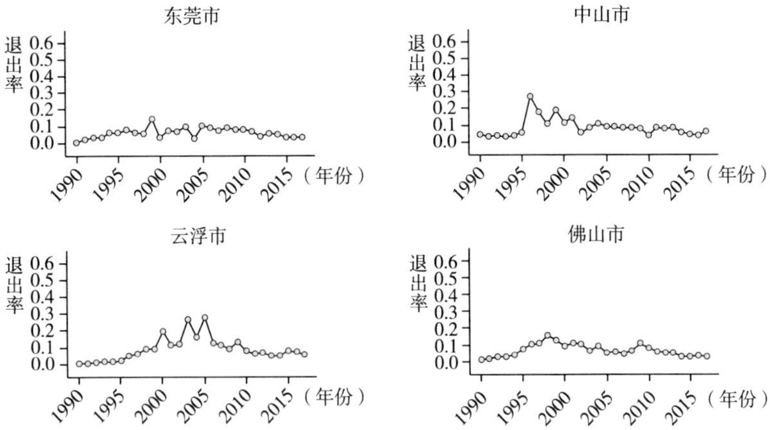

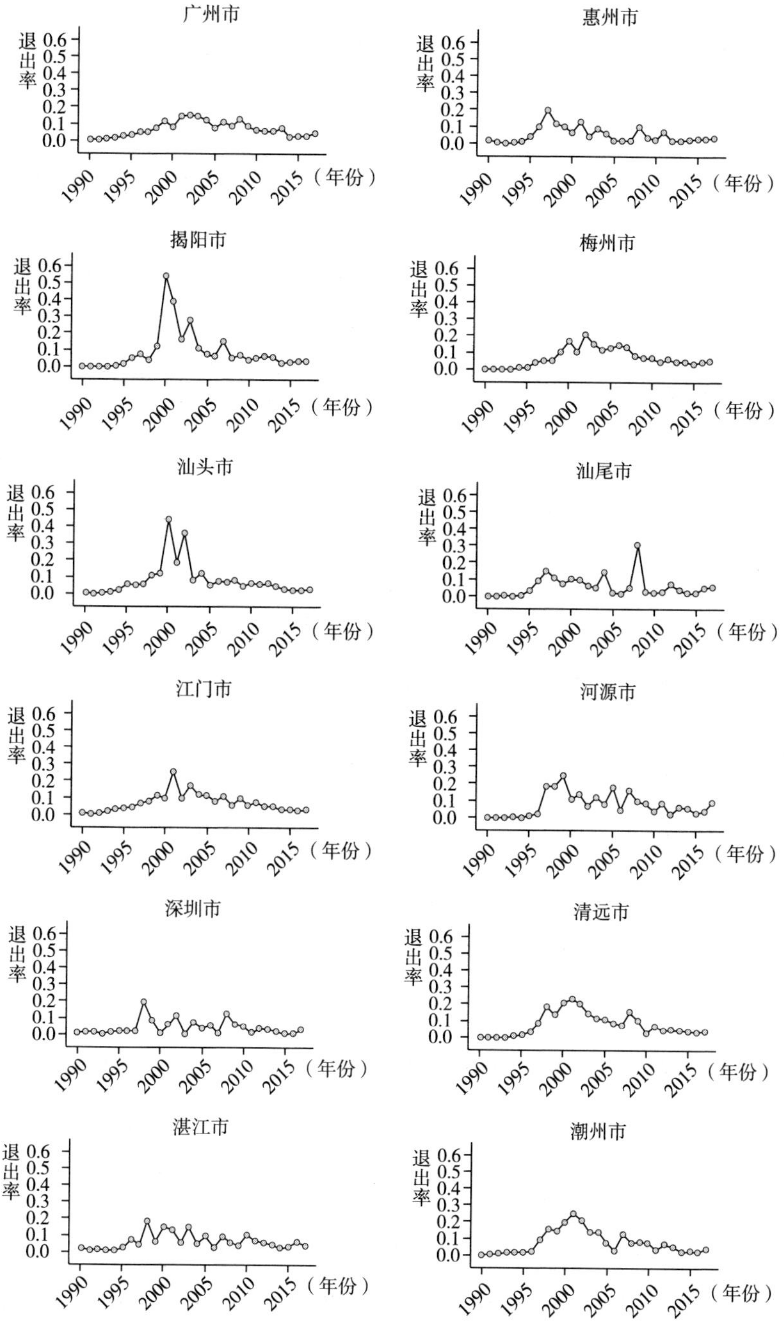

广州市
惠州市
揭阳市
梅州市
汕头市
汕尾市
江门市
河源市
深圳市
清远市
湛江市
潮州市
退出率
0.6
0.5
0.4
0.3
0.2
0.1
0.0
1990
1995
2000
2005
2010
2015
（年份）

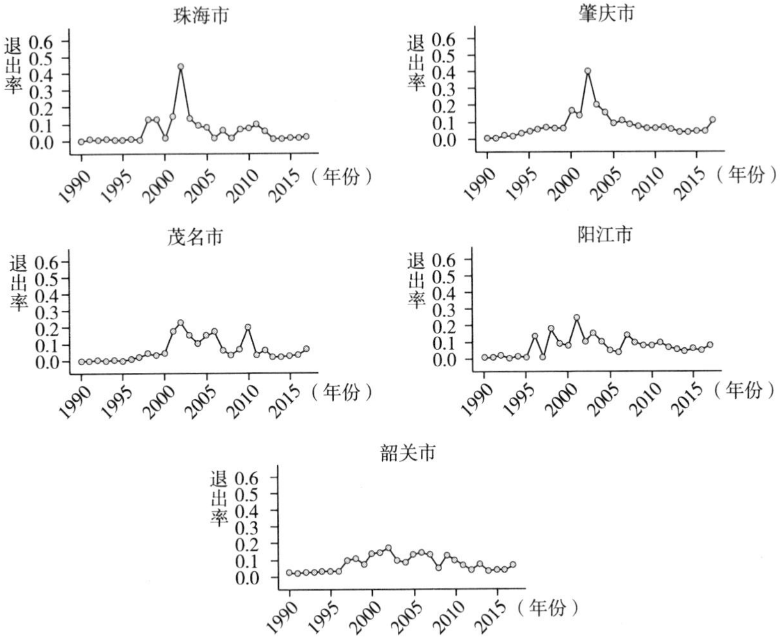

图 5－16　1990～2017 年广东省 21 个地级市企业退出率变化

图 5－16 反映了广东省 21 个地级市 1990～2017 年企业退出率的变化情况。从总体变化趋势可以看出，广东省所有地级市的企业退出率都呈现先上升后下降的趋势，尤其是中山市、云浮市、揭阳市、汕头市、汕尾市、河源市、清远市、潮州市、肇庆市 1990～2017 年的波动趋势较为剧烈，而其他各市的企业退出率则相对稳定，说明受到经济周期的波动影响较小，市场化程度和企业抗风险能力均较高。

从图 5－17 可以看出，1990～2017 年汕头市企业退出数量变化整体呈现先逐渐上升后波动下降的趋势，随后又小幅波动变化，1990～2000 年为逐步上升阶段，从 1990 年的退出数 9 家逐渐上升至 2000 年的 19351 家，在这一阶段中变化最大的是 2000 年，汕头

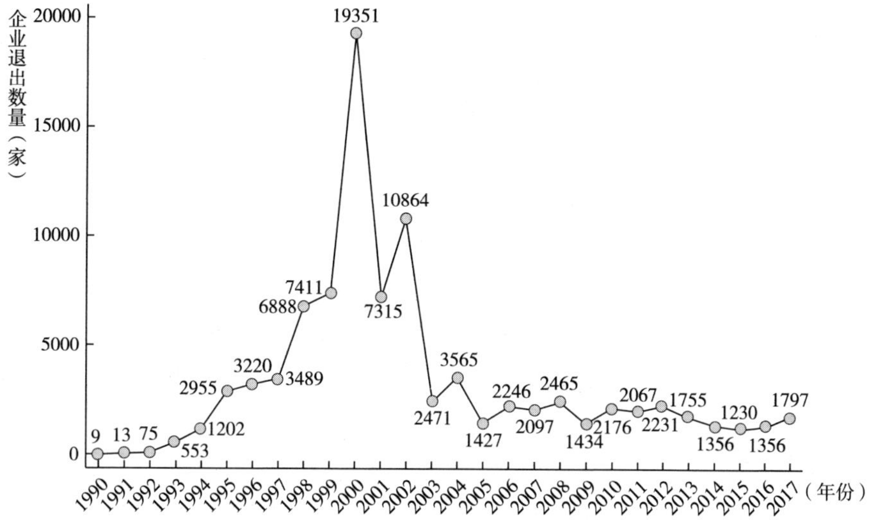

图 5－17　1990～2017 年汕头市企业退出数量变化

市企业退出数量从 7411 家迅速增长至 1990～2017 年的最大值，2000 年内退出的企业比 1999 年多了 11940 家；随后的 2001～2004 年汕头市企业退出数变化呈现波动下降趋势，2001 年汕头市企业退出数量从峰值骤减至 7315 家，随后 2002 年又快速上升至 10664 家，2003 年出现又一次骤减，企业退出数降至 2471 家，2004 年出现小幅上升后又在 2005 年继续下降至 1427 家，2005～2017 年汕头市企业退出数量变化不大，退出数保持在 1970 家左右。

从图 5－18 可以看出，1990～2017 年肇庆市企业退出数量变化整体呈现先波动上升后迅速下降，随后又小幅波动变化，最后快速上升趋势。1990～2002 年为波动上升阶段，从 1990 年的退出数 6 家波动上升至 2002 年的 3997 家，在这一阶段中变化较大的是 2000 年和 2002 年，2000 年汕头市企业退出数快速增加到 2039 家，随后 2001 年退出数下降至 1415 家，2002 年退出数骤增，达到

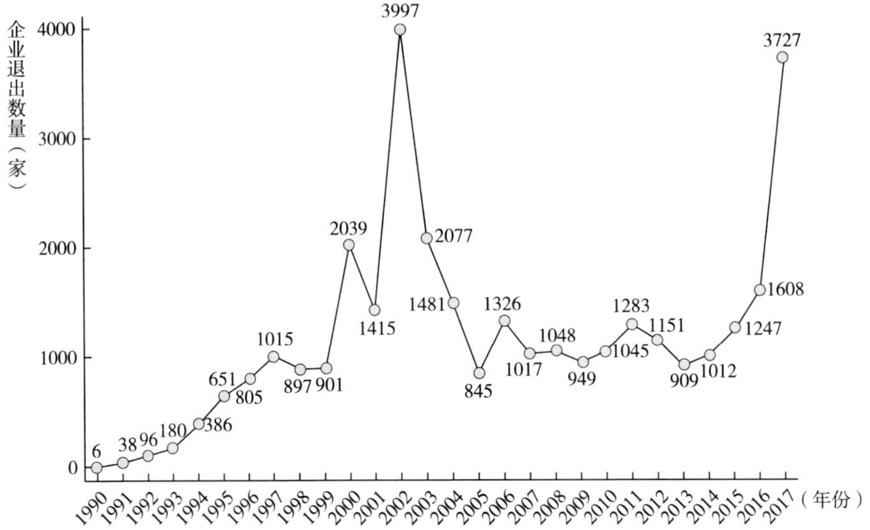

图 5-18　1990~2017 年肇庆市企业退出数量变化

3997 家，这是 1990~2017 年企业退出量最多的一年。随后 2003~2005 年肇庆市企业退出数逐渐下降至 845 家，下降最快的是 2003 年，这一年退出的企业数为 2077 家。2005~2013 年为小幅波动变化阶段，在这一阶段企业退出数一直保持在 1064 家左右，2014~2017 年肇庆市企业退出数量变化呈现逐步上升趋势，上升趋势最明显的是 2017 年，这一年内企业退出数量比前一年退出数量增加了 2119 家。

从图 5-19 可以看出，1990~2017 年汕尾市企业退出数量整体呈现波动变化趋势，且波动趋势非常显著。1990~1997 年是上升阶段，这一阶段汕尾市的企业退出数不断增多，由最初的 0 家退出不断地增加至 1230 家，1998~1999 年退出数量下滑至 573 家，2000 年退出数量再次提升到 767 家，2001~2003 年汕尾市企业退出数再次下滑至 369 家，2004 年内快速增加至 982 家，2005 年快

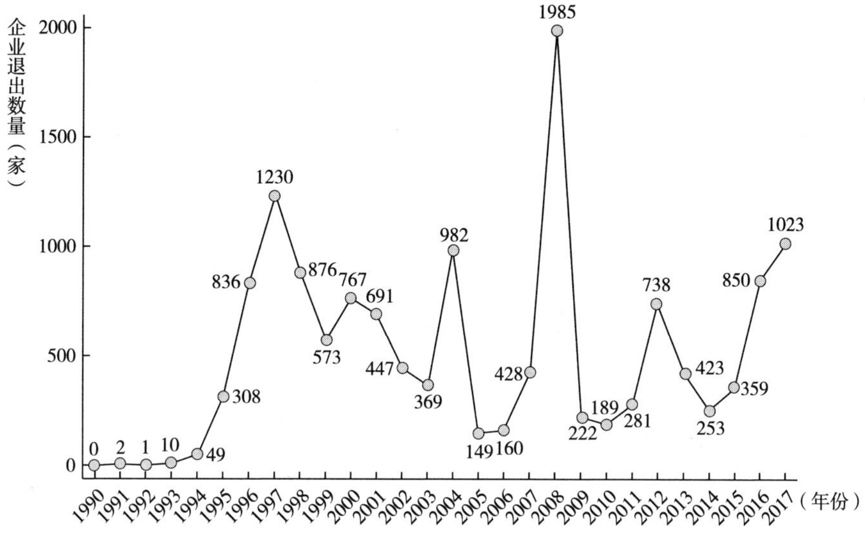

图 5－19　1990～2017 年汕尾市企业退出数量变化

速下降至 149 家，2006～2008 年汕尾市企业退出数继续增加，增加幅度最大的是 2008 年，这年企业退出数比 2007 年多了 1557 家，2008 年退出数量达到了 1990～2017 年的顶峰，随后一年内退出数量急剧下降，2009 年企业退出数为 222 家，相比于 2008 年，这年企业退出数减少了 1763 家，2010 年微弱下滑至 189 家，随后再次攀升，在 2012 年达到 738 家，2014 年下降至 253 家，随后上升，在 2017 年达到 1023 家。

从图 5－20 可以看出，1990～2017 年揭阳市企业退出数量变化整体呈现先波动上升后波动下降又短暂攀升的趋势，1990～2000 年为波动上升阶段，在这一阶段中，除 1998 年企业退出数有所下降外，其余几年揭阳市企业退出数均在不断增加，尤其是 1999 年和 2000 年，1999 年揭阳市企业退出数达到 2786 家，相比于前一年，1999 年企业退出数增加了 1821 家，

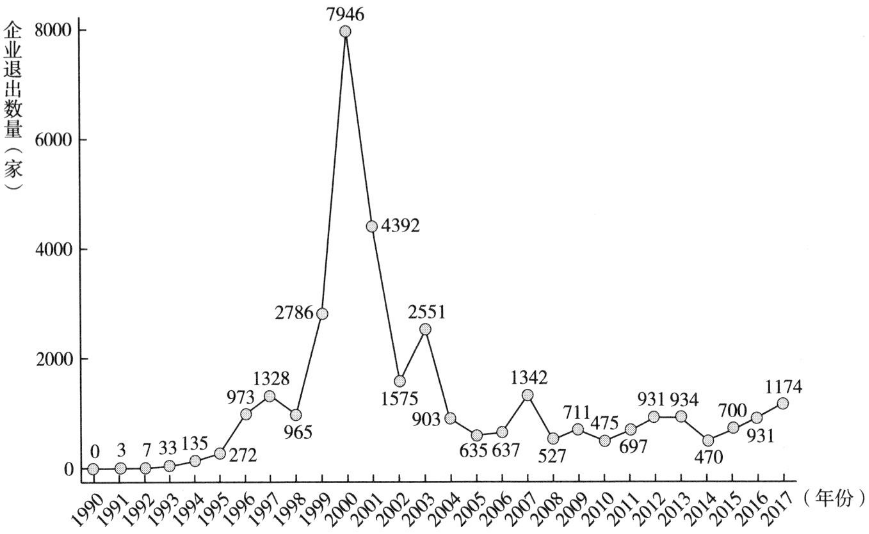

图 5－20　1990～2017 年揭阳市企业退出数量变化

2000 年揭阳市企业退出数量急剧增长至 1990～2017 年的顶峰 7946 家，且这一年企业退出数增长幅度最大，比 1999 年退出数多了 5160 家；随后的 2001～2014 年是波动下降的阶段，这一阶段中变化最显著的是 2001 年和 2002 年，这两年揭阳市企业退出数从峰值连续下降，2001 年下降至 4392 家，2002 年继续下降至 1575 家，2003～2014 年波动下滑至 470 家，2015～2017 年揭阳市企业退出数攀升至 1174 家。

四　小结

本篇对企业退出的产业分布、行业分布以及地区分布特征进行分析，具体总结为以下三个方面的规律。

第一，总体而言，1990～2017 年广东省企业退出率呈现先上升后波动下降的趋势。具体来看，1990～2002 年，企业退出率从 0.91%上升至 15.53%，企业退出市场的自由程度逐渐提升；随后，在 2003～2017 年出现了波动下降的趋势，其中，2003～2007 年得益于中国加入 WTO，企业退出率由 10.31%逐年下降至 6.04%，但受 2007 年全球金融危机影响，2007～2008 年，企业退出率回升至 10.19%，在此之后又逐渐回落至 2015 年的 2.27%，近两年来，均稳定在 3%左右。

第二，对广东省企业退出的产业分布特征及演变趋势进行分析，发现，总体上广东省第一产业企业注销数量呈现先上升后下降的趋势，第二产业注销企业数量变化整体呈波动上升趋势，且波动趋势非常明显，第三产业注销企业数量变化趋势整体呈波动上升趋势。具体而言：（1）第一产业企业注销数量在 1990～2000 年稳步增长，随后经历了持续波动下降，但在 2015～2017 年又恢复逐步增长的变化趋势，且增长速度逐渐加快。（2）第二产业的注销企业数量在 2017 年最大，增长速度最快，上升趋势非常明显，且在 2017 年年初达到了 1990 年以来的峰值。（3）第三产业注销企业数量在 2003～2015 年波动较为剧烈，尤其是 2008 年和 2017 年的上升趋势较为显著，并最终在 2017 年年初达到了 1990 年以来的峰值。

第三，对广东省企业退出的行业分布特征及演变趋势进行分析，发现广东省不同行业的企业退出规律大致经历了先上升后下降的过程。具体而言：采矿业、批发和零售业、信息传输、软件和信息技术服务业、金融业、水利、环境和公共设施管理业、居民服务、修理和其他服务业、教育业以及文化、体育和娱乐业的企业退出率在不同时间的波动较大，它们对第二产业和第三产业内部的结构变动有着重要影响，而其他行业的企业退出率变化则较为平稳。

第四，对广东省企业退出的区域分布特征及演变趋势进行分析，发现广东省不同地级市的企业退出率都呈现先上升后下降的趋势。具体而言，中山市、云浮市、揭阳市、汕头市、汕尾市、河源市、清远市、潮州市、肇庆市在 1990 ~ 2017 年的波动趋势较为剧烈，而其他各市的企业退出率则相对稳定。

广东省市场主体活跃度指数篇

一　市场主体活跃度指标体系构建

为了评估广东省各地级市市场主体（企业）的发展动力和潜力，我们基于企业新建与退出—企业存活时长—专利授权数—商标批准数四个维度构建了评估指标体系框架，即市场主体活跃度指数，从企业的角度，对广东省的市场活跃程度进行综合评估，反映广东省21个地级市每年的市场发展情况。

（1）基期年份的选取。

在广东省市场主体活跃度指数的评估体系中，指标的基准值为指标某一时期的标准化值，市场主体活跃度指数结果主要反映同一时期广东省内不同地区市场主体的活跃程度的差别与位次。此外，我们以基期年份指数值为基准来计算指数的增速，从而测定当前年份指数值的发展速度，根据可操作性原则，综合考虑可获得数据的一致性和连续性后，确定以1990年为基期年。

（2）原始数据标准化。

由于某些指标原始数据的值过大（或过小），造成指标之间不可比拟的情况，从而造成整个指标体系失真的现象，因此在计算市场主体活跃度指数之前，应首先采用 Z - Score 的方法对原始数据进行标准化处理。

公式如下：

$$标准化\ std(X) = \frac{log(1 + X_{itk}) - \frac{1}{n}log(1 + X_{itk})}{std(X_{itk})}$$

式中，X 表示 7 个指标，i 表示地区，t 表示年份（$t >= 1990$），n 表示观测值总数，o 表示标准差，每个指标的对数取值加上 1，为了避免原始指标值为 0，直接取对数后会造成数据遗失从而使最终的市场主体活跃度指数无法计算。

（3）确定指标权重及指数构建。

参考世界银行营商环境报告的指标计算，市场主体活跃度指数构建时采用等权重的权数分配，即各指标的权数均为 1，隐含的假设是各变量在影响市场主体活跃度时具有同等的重要性。

将原始数据标准化处理之后，直接将 7 个指标进行加总构建广东省市场主体活跃度指数。可将某一地区某一年的市场主体活跃度指数用如下公式表示：

市场主体活跃度指数：

$$C_it = \sum_k std\ (Xitk)$$

其中，$k = 1, 2 \cdots 7$，代表 7 个维度指标。

将该公式进一步表示为：

$$C_it = std(N - new) + std(N - exit) + std(A - age) + std(P - invent) + std(P - new) + std(P - appearance) + std(M - grant)$$

其中，$N - new$ 表示新建立的企业数量，$N - exit$ 表示退出的企业数量，$A-age$ 表示现存企业的平均年龄，$P-invent$ 表示企业发明专利授权数，$P-new$ 表示企业实用新型专利授权数，$P-appearance$ 表示企业外观设计专利授权数，$M-grant$ 表示企业商标授权数。

二　指标体系数据说明

根据指标构建体系，在企业新建与退出、企业存活时长、专利授权数、商标批准数四个维度内共计使用了新建企业数、退出企业数、存活的企业平均年龄、企业发明专利授权数，企业实用新型专利授权数，企业外观设计专利授权数和企业商标授权数 7 个指标。以下是对这四个维度以及所包含的度量指标的含义解释。

（1）企业的新建与退出。

企业的新建与退出情况是衡量某一地区市场活跃程度的重要表征，一个地区企业的数量可以直观地体现某一地区市场主体活跃度，大量新建的企业本身就体现了较强的市场活跃程度。该维度由各地区每一年新注册的企业数量和各地区每一年退出企业数量（即注销或者吊销的企业的数量）来度量。

（2）企业的存活时长。

除了企业的数量可以直接衡量市场活跃程度外，企业的存活时长也是直接衡量市场主体活跃度的重要表征，企业存活年限越长，表示该地区市场主体活跃度越强。我们选择使用企业的存活天数这一指标来表示企业的存活时长。

（3）专利授权数。

某一地区专利授权数越多，表明该地区越具有创新能力，创新能力越强表明该地市场主体活跃度越强。专利授权这一维度总共有三个指标，包括发明专利授权数、实用新型专利授权数、外观设计专利授权数。

（4）商标批准数。

商标批准数即成功注册的商标数，与专利授权数一样，某一地区获批商标数越多，表明该地区市场主体活跃度越强。

三 广东省21个地级市市场主体活跃度指数的区域对比

表6－1为截至2017年年底广东省21个地级市市场主体活跃度历年来的综合指标。截至2017年年底，市场主体活跃度排名第一的是深圳市，第二名为广州市，但这两者之间市场主体活跃度指数相差不大，遥遥领先后面的19个区域。其中，第三名为佛山市，第四名为东莞市，第五名为珠海市，第六名为中山市，第七名为汕头市，第八名为江门市，第九名为惠州市，珠三角的9个区指数为正，而其余非珠三角地区活跃度指数为负，说明市场主体的活跃程度低于广东省平均值水平。排名最靠后的为云浮市、河源市和阳江市。这个总体指数排名和实际情况比较相符。如图6－1所示，我们对比了一下该指数和各区域历史平均水平，同样经过标准化后的GDP排名，有一定程度的吻合度。例如，深圳、广州、佛山和东莞的产值和市场主体均遥遥领先于其他地区。和市场主体活跃度相比，珠三角的其他5个地级市的GDP水平和非珠三角地区差异并不大，均在平均水平以下。这是因为深圳、广州、佛山和东莞产值太高而拉高了均值。从绝对排名来看，市场主体活跃

度排名靠后的地区，GDP 水平也较低，比如河源。这再一次较好地认证了 MEI 指标具有一定的现实解释力。

与 GDP 指标相比，市场主体活跃度指数从某种程度上反映了更多市场信息，比如企业数目与创新，处于这两个指标恰恰反映了就业问题，以及高质量发展问题。中间一些地区，市场活跃度指数排名和 GDP 排名有所差异。如珠海的市场主体活跃度排名第5，但 GDP 排名为第 10。汕尾市市场主体活跃度排名第 11，处于区域中间水平，但历史 GDP 排名倒数第二。因此，单一维度的以 GDP 指标排名来衡量一个地区的发展很可能存在片面性。而本书的市场主体活跃度指数提供了另一个维度指标。

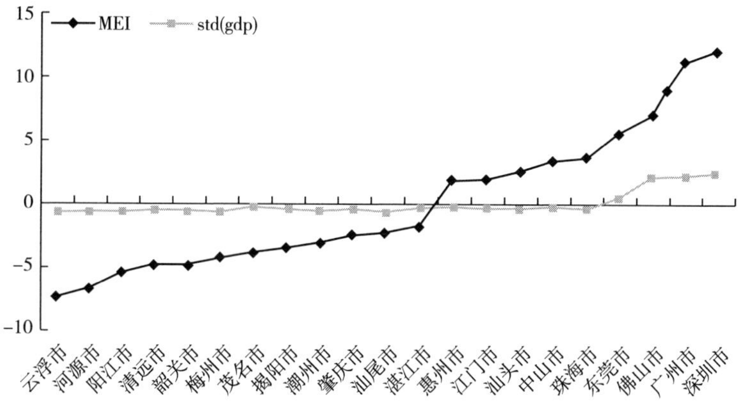

图 6－1　历史平均水平的各地级市市场主体活跃度指数和 GDP 排名趋势

表 6－1　广东省各地级市市场主体活跃度指数统计关键值（截至 2017 年年底）

序号	地级市	平均值	标准差	最小值	最大值	中位数	GDP（1990～2017 年，亿元）
1	深圳市	12.14	2.21	5.59	13.88	13.33	6627.83
2	广州市	11.33	1.52	9.6	15.6	10.82	6916.28
3	佛山市	7.06	1.27	2.93	8.71	7.25	6148.47

续表

序号	地级市	平均值	标准差	最小值	最大值	中位数	GDP（1990～2017年，亿元）
4	东莞市	5.59	2.4	0.34	8.62	5.65	2551.98
5	珠海市	3.65	1.18	0.2	5.91	3.89	821.37
6	中山市	3.4	1.61	-0.8	5.67	3.73	1153.62
7	汕头市	2.62	2.14	-1.7	6.7	2.74	802.12
8	江门市	2.05	1.05	0.3	4.74	1.91	1007.60
9	惠州市	1.85	1.68	-2.38	3.57	2.45	1166.34
10	湛江市	-1.75	1.75	-5.12	3.13	-1.94	935.11
11	汕尾市	-2.18	2.33	-6.61	1.31	-1.9	296.21
12	肇庆市	-2.37	0.93	-4.54	-0.28	-2.23	708.43
13	潮州市	-3	2.14	-7.05	1.21	-3.23	371.16
14	揭阳市	-3.38	1.46	-5.92	-0.98	-3.2	734.66
15	茂名市	-3.79	2.25	-8.34	0.71	-3.9	983.05
16	梅州市	-4.2	1.48	-6.79	0.4	-4.3	393.67
17	韶关市	-4.85	1.35	-7.29	-1.41	-5.15	443.42
18	清远市	-4.86	1.36	-6.76	-2.15	-5.08	555.54
19	阳江市	-5.35	1.06	-7.43	-3.48	-5.36	435.07
20	河源市	-6.61	1.44	-8.94	-3.91	-6.82	290.23
21	云浮市	-7.38	1.26	-10.19	-5.22	-7.07	401.03

关键年份广东省市场主体活跃度指数排位如图6-2～图6-8所示。

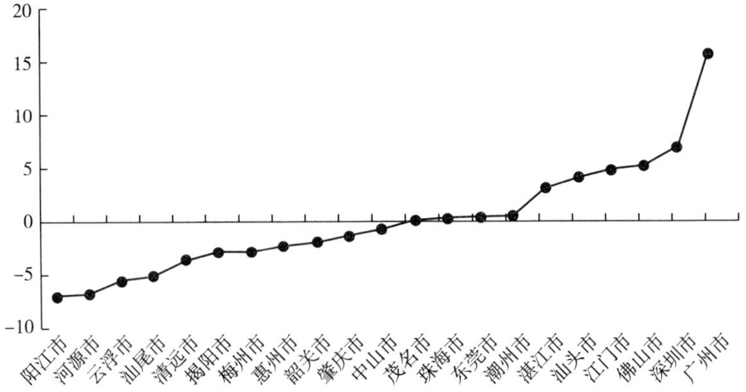

图6-2　1990年以前广东省各市市场主体活跃度指数排位

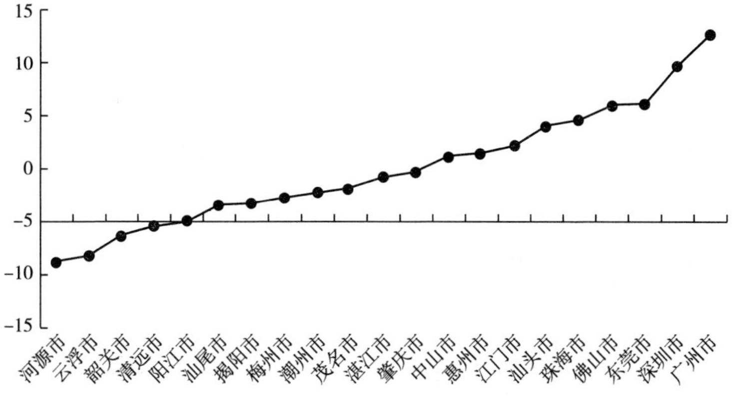

图 6－3　1995 年广东省各市市场主体活跃度指数排位

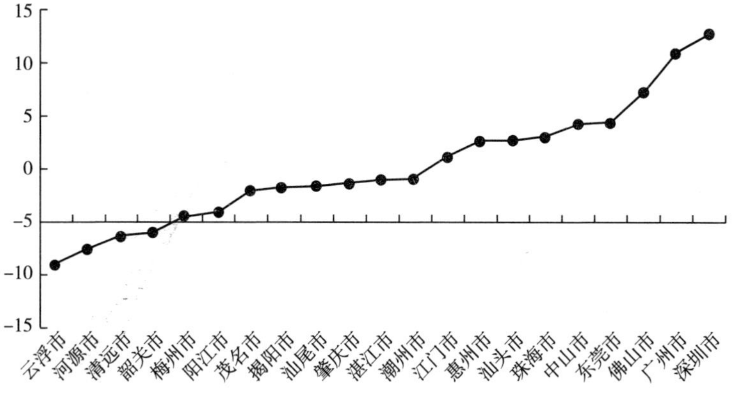

图 6－4　2000 年广东省各市市场主体活跃度指数排位

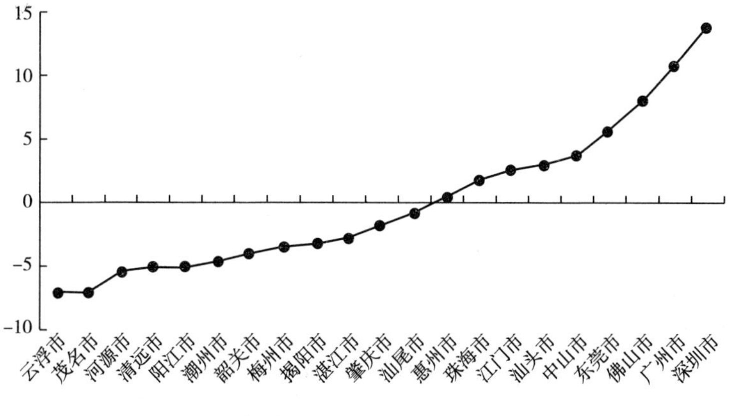

图 6－5　2005 年广东省各市市场主体活跃度指数排位

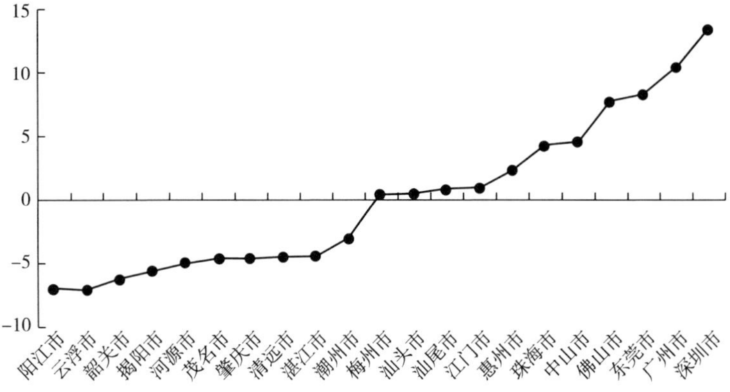

图 6－6　2010 年广东省各市市场主体活跃度指数排位

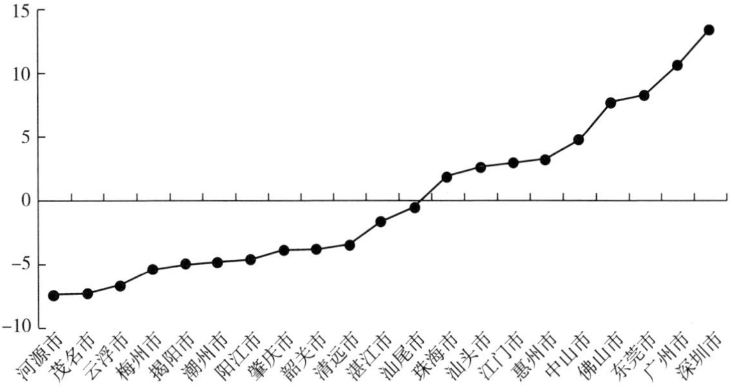

图 6－7　2015 年广东省各市市场主体活跃度指数排位

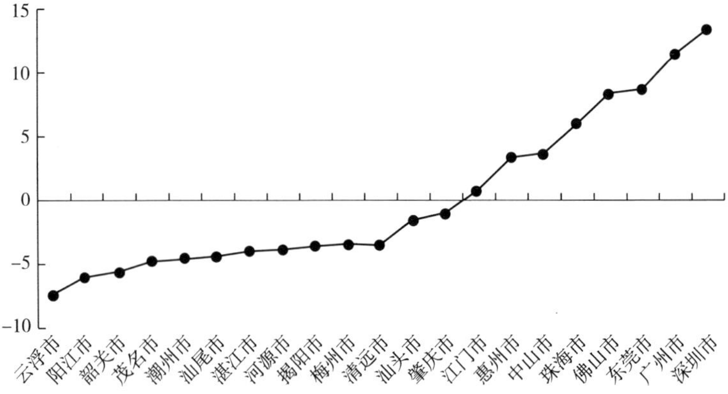

图 6－8　2017 年广东省各市市场主体活跃度指数排位

图6－2～图6－8显示的是一些关键年份，广东省各区域市场主体活跃度的排名情况。可以看到，1992年是区位变化的一个转折点。例如韶关市从第二位跌至倒数。汕头市也是在1992年市场主体活跃度逐渐下滑。1998年以后，一直稳居第一位的广州市，被深圳市超越，居于第二位。2008年，珠海市超越江门市和中山市。

表6－2反映的是广东省历年来市场主体活跃度指数。统计来看，区域排位相对比较稳定，但有一些波动较大的地区。

广州市市场主体活跃度指数排位相对稳定，1990～1997年一直排在第一位，市场主体活跃度为全省最强，1998年开始被深圳反超后一直居于第2位。

韶关市市场主体活跃度位次相对不是很稳定，韶关市1992年排在第2位，其余几年韶关市市场主体活跃度在全省排位时上时下，徘徊在第17位至第19位之间，在2014年排在全省最后一位。

深圳市市场主体活跃度指数排位1990～1997年一直徘徊在第2位～第3位，在1998年以后一直稳居全省第一。

珠海市的市场主体活跃度排位较为稳定，从1990年开始至2017年，珠海市市场主体活跃度排位一直在全省的第6位左右徘徊。

汕头市市场主体活跃度指数位次在1990～2006年较为稳定地徘徊在第5位，1992年排在第2位，2007年后汕头市市场主体活跃度指数位次逐渐下降，最终在2018年排在第10位。

佛山市市场主体活跃度位次也一直较稳定，1996～2009年稳居全省第3位，2010～2017年稳居第4位。

江门市市场主体活跃度位次在1990年和1991年排在全省第4位，这是自1990～2017年江门市市场主体活跃度在全省排位最好的位次，随后江门市市场主体活跃度位次下降，在全省第7位～第9位徘徊，2013年开始稳居全省第8位。

跟江门市一样，湛江市在1990年和1991年市场主体活跃度排在相对较前的位次，1990年排在第6位，随后出现下滑，1992～2013年较稳定地徘徊在第11位左右，随后几年继续下滑，2016年排在第16位。

茂名市市场主体活跃度指数排位非常不稳定，在1994年时排在第9位，2006年和2008年连续两年排在广东省最后一位，随后位次稍有上升，最终在2017年排在全省第18位。

肇庆市市场主体活跃度排位总体徘徊在全省第11位左右，2018年排在第9位。

惠州市市场主体活跃度排位总体上呈阶梯式上升趋势，从1990年的第14位逐步爬升到2017年的第7位。

梅州市市场主体活跃度排位1990～2007年波动较小，总体徘徊在第15位左右，2008～2017年这一阶段相对波动较大，2013年排在第20位，2015年排在第11位，位次很不稳定。

汕尾市的市场主体活跃度排位总体呈现逐渐上升后下降的趋势，1990～2015年逐步上升，且1992～1994年、2004～2015年等阶段位次非常稳定，最高排在全省第9位，2017年排在全省最后一位。

河源市市场主体活跃度指数排位呈现波动上升趋势，1991～

1998 年一直排在全省最后一位，1999 ~ 2004 年一直排在第 20 位，2010 年下降到全省第 21 位。

阳江市市场主体活跃度指数排位总体呈现先上升后下降的趋势，其最高排在全省第 15 位，最低排在全省第 21 位。

清远市市场主体活跃度指数排位波动较大，但从 2013 年开始，逐步爬升，2017 年排在全省第 11 位。

东莞市市场主体活跃度排位也呈现阶梯式上升，1997 ~ 2000 年一直居于第 4 位，2001 ~ 2003 年稍有下降，随后 2004 ~ 2009 年又稳居第 4 位，2010 ~ 2017 年一直居于全省第 3 位。

中山市市场主体活跃度排位逐年稳步上升，1990 年排在第 11 位，这是中山市自 1990 ~ 2017 年最低的位次，随后逐年稳步攀升，最终相对稳定地居于全省第 5 位。

潮州市市场主体活跃度排位总体波动较大，最高的位次是 1992 年的第 9 位，2017 年排在全省第 17 位。

揭阳市市场主体活跃度排位总体波动比较大，揭阳市位次最高排在全省第 11 位，最低排在第 18 位。

云浮市市场主体活跃度排位一直较低，1991 ~ 1998 年、2006 年、2008 年、2015 年、2017 年均排在第 20 位，1999 ~ 2005 年、2007 年、2009 年、2011 ~ 2012 年、2016 ~ 2017 年均排在全省第 21 位。

表 6-2　广东省各地级市市场主体活跃度指数统计（截至 2017 年年底）

	1990	1991	1992	1993	1994	1995	1996	1997	1998	1999	2000	2001	2002	2003	2004
广州市	15.60	14.02	13.44	14.20	13.90	12.73	11.99	11.59	11.15	11.07	10.83	9.65	9.60	9.65	10.75
韶关市	-1.91	-1.41	-2.76	-4.04	-5.54	-6.23	-4.91	-5.52	-5.53	-4.85	-6.16	-5.99	-5.15	-5.63	-4.36
深圳市	6.83	5.59	9.30	9.56	9.62	9.72	11.15	11.01	11.49	11.50	12.72	13.71	13.84	13.33	13.38
珠海市	0.20	2.45	3.69	5.15	4.94	4.73	4.19	3.33	3.55	3.40	2.87	3.17	3.13	4.84	4.34
汕头市	4.13	6.70	5.86	5.26	4.26	3.97	3.95	3.41	3.69	2.74	2.58	4.65	3.87	4.57	3.18
佛山市	5.17	2.93	4.61	5.54	5.91	5.93	6.35	7.01	7.34	7.13	7.24	8.29	8.71	8.23	7.25
江门市	4.74	4.46	2.66	2.16	1.50	2.28	2.43	1.81	1.81	1.91	1.15	1.20	1.59	2.05	3.11
湛江市	3.13	0.00	0.55	1.47	-0.49	-0.68	-0.10	-0.18	-1.48	-1.39	-1.18	-2.12	-3.27	-3.43	-1.73
茂名市	-0.06	-0.55	-1.41	-0.80	0.71	-1.87	-2.79	-3.11	-2.47	-3.66	-2.29	-2.75	-3.90	-5.72	-3.14
肇庆市	-1.34	-1.73	-3.06	-1.39	-1.80	-0.28	-3.04	-3.17	-1.97	-2.15	-1.41	-2.08	-2.15	-2.23	-1.89
惠州市	-2.38	-2.03	0.17	0.16	-0.94	1.58	2.27	1.74	1.31	1.63	2.45	2.64	2.88	2.91	0.16
梅州市	-2.94	-2.38	-2.77	-4.28	-3.85	-2.77	-5.07	-4.76	-5.47	-5.66	-4.62	-4.30	-3.03	-4.44	-6.07
汕尾市	-5.15	-4.18	-6.54	-6.42	-5.38	-3.33	-3.34	-2.08	-1.27	-1.67	-1.65	-2.63	-2.99	-2.53	-0.47
河源市	-6.82	-8.46	-7.69	-7.55	-8.50	-8.94	-8.37	-8.04	-7.59	-7.27	-7.69	-7.58	-6.50	-6.39	-7.10
阳江市	-7.04	-3.54	-5.36	-6.74	-3.58	-4.86	-5.36	-6.19	-4.98	-3.48	-4.13	-6.11	-5.99	-5.73	-4.11
清远市	-3.61	-3.05	-6.58	-5.74	-5.03	-5.44	-3.13	-5.92	-5.87	-6.14	-6.47	-6.45	-6.10	-4.56	-5.31
东莞市	0.37	0.34	1.99	2.85	4.04	6.05	3.87	5.12	4.15	4.07	4.12	4.35	5.28	4.29	5.04
中山市	-0.80	0.23	1.33	1.64	1.02	1.10	2.63	3.36	3.65	3.72	4.08	3.81	2.61	2.94	3.70
潮州市	0.43	-0.17	1.21	-1.58	-1.77	-2.32	-3.31	-1.28	-1.86	-1.17	-1.14	-0.27	-1.19	-2.31	-3.69
揭阳市	-2.95	-3.98	-1.94	-2.38	-2.39	-3.19	-2.59	-1.56	-2.16	-1.84	-1.93	-0.98	-1.40	-1.57	-5.64
云浮市	-5.59	-5.22	-6.68	-7.07	-6.63	-8.19	-6.83	-6.56	-7.46	-7.89	-9.39	-10.19	-9.83	-8.27	-7.38

续表

	2005	2006	2007	2008	2009	2010	2011	2012	2013	2014	2015	2016	2017
广州市	10.82	10.35	10.42	10.45	10.88	10.61	10.46	10.62	10.46	10.52	10.24	10.53	10.88
韶关市	-4.05	-3.95	-3.15	-5.73	-5.05	-3.88	-4.11	-5.41	-6.25	-7.29	-6.39	-4.33	-5.49
深圳市	13.88	13.70	13.53	13.43	13.79	13.39	13.19	13.49	13.83	13.71	13.34	13.57	13.15
珠海市	1.95	4.72	2.18	4.46	4.39	1.77	3.55	3.89	4.04	3.89	4.21	3.00	3.94
汕头市	2.97	2.45	0.25	2.56	2.68	2.51	-0.92	1.97	1.47	-1.54	0.49	-0.23	0.24
佛山市	8.04	7.99	8.08	7.85	8.05	7.63	7.13	7.11	7.20	7.75	7.69	7.10	7.41
江门市	2.64	0.30	3.20	3.09	1.32	3.01	2.30	0.31	2.10	1.70	0.94	1.67	1.37
湛江市	-2.75	-1.94	-2.39	-2.56	-1.43	-1.53	-2.40	-2.89	-2.84	-3.49	-3.20	-5.12	-3.02
茂名市	-7.03	-8.34	-5.18	-7.24	-6.03	-7.32	-4.10	-5.02	-4.61	-4.04	-4.75	-3.23	-4.28
肇庆市	-1.68	-2.22	-2.65	-2.50	-3.58	-3.99	-2.30	-2.33	-2.51	-2.79	-4.54	-4.09	-2.68
惠州市	0.46	3.51	2.78	0.71	3.13	3.23	3.34	3.36	3.28	3.57	2.28	2.84	3.37
梅州市	-3.55	-3.17	-4.35	-6.18	-3.09	-5.36	-5.77	-5.41	-6.79	-3.47	0.40	-5.27	-3.83
汕尾市	-0.77	-0.28	0.19	0.99	1.31	-0.58	0.44	-2.23	0.03	-0.58	0.76	-1.90	-6.61
河源市	-5.39	-5.40	-6.03	-5.04	-8.36	-7.48	-5.56	-5.44	-5.29	-5.08	-4.89	-5.18	-4.07
阳江市	-4.91	-4.71	-4.87	-5.92	-4.40	-4.75	-5.44	-5.62	-7.43	-5.08	-7.13	-6.18	-5.47
清远市	-5.08	-6.76	-4.22	-4.08	-6.31	-3.64	-6.54	-5.14	-3.39	-3.32	-4.52	-2.15	-2.68
东莞市	5.65	6.10	6.71	7.17	6.17	8.39	8.07	8.20	8.25	7.81	8.33	8.62	8.27
中山市	3.73	3.84	3.84	4.03	4.54	4.76	5.16	5.67	5.51	5.02	4.57	4.99	4.51
潮州市	-4.67	-5.27	-5.66	-5.17	-4.35	-4.93	-3.73	-3.23	-5.55	-7.05	-5.75	-1.90	-4.89
揭阳市	-3.20	-3.48	-5.84	-3.40	-4.81	-5.04	-3.03	-5.17	-5.92	-3.90	-4.98	-5.21	-3.76
云浮市	-7.07	-7.46	-6.82	-6.94	-8.88	-6.79	-9.73	-6.72	-5.59	-6.34	-7.09	-7.52	-6.36

注：1990 年为 1990 年以前所有年份企业相关指标的历史存量。

四　小结

单一维度的以GDP指标排名来衡量一个地区的发展很可能存在片面性，本书的市场主体活跃度指数提供了另一个维度指标。市场主体活跃度指数从某种程度上反映了更多市场信息，比如企业数目与创新，而这两个指标恰恰反映了就业问题，以及高质量发展问题。

本篇主要是根据市场主体的行为，包括进入、退出、生命周期、创新等7个维度指标，通过标准化方式，按照区域构建市场主体活跃度指数。总体而言，广东省市场主体活跃度指数（Market Efficient Index）和历史GDP发展趋势一致，在一些关键年份，尤其是广东改革的关键年份上，反映出改革的效果。这说明该指标能够在一定程度上反映现实情况。然而，该指数能够综合反映出目前已有的一些统计数据无法解释的问题。例如，GDP、工业数据、海关数据等均无法了解市场整体发展情况。我们都知道，市场主体90%以上，均为中小型工商企业，它们的活力才是市场获利的直接体现。为此，该数据和指数恰恰弥补了这一缺失，进而为学界、政府以及业界相关分析提供另一个现实指标作为参考。

从历史GDP排名和市场主体活跃度指数排名对比来看，发展最好的深圳、广州、佛山和东莞4个城市无论是GDP排名，还是市场主体活跃度排名，均遥遥领先其他区域。相对比较落后的，比如云浮、河源和阳江，GDP排名和市场主体活跃度指数排名均落后于其他地区。但有些地区，GDP水平和市场主体活跃度指数排位出现差异。例如，珠海市场主体活跃度排名第5，但GDP排名为第10。汕尾市市场主体活跃度排名第11，处于区域中间水平，但历史GDP排名倒数第2。因此，从多个维度来衡量一个区域的发展更有利于了解现实情况。

致　谢

在本书的完成过程中，得到了众多单位和个人的帮助。如果没有他们的支持，本书无法完成。在此，我们表示真诚的谢意。

首先，感谢广东外语外贸大学、广东国际战略研究院、企业数据有限公司等平台，为本书搜集大量资料和数据对比分析的完成提供了重要的端口。

其次，感谢广东外语外贸大学欧洲学硕士研究生夏萌萌，她在“构建市场主体活跃度指数”这一小节中做了大量的基础性工作，包括大量的数据清理、计算、绘图、汇报以及分析。此外，夏萌萌同学还对各章节的文字校对、语言润色、格式调整等提供了帮助。感谢广东外语外贸大学经贸学院创新班的黄韦明、袁诗仪，以及广东外语外贸大学法语专业的陈泽宇同学，在整理广东省区域基本面数据中提供的帮助。感谢企研数据团队在本书完成过程所提供的工商数据采集、清洗、统计、绘图等专业化技术支持。

最后，感谢国家自然科学基金（项目批准号：71573058；项目批准号：71603216；项目批准号：71973037；项目批准号：71673064；项目批准号：71974039）、广东省教育科学“十三五”规划2019年度高校哲学社会科学专项研究项目基金（项目编号：

2019GXJK091）、广东省教育厅创新团队项目（项目编号：2017WCXTD003）、广州市哲学社会科学发展“十三五”规划2019年度课题基金（项目编号：2019GZYB45）、广东外语外贸大学师生共研项目基金（项目编号：GK19G030）的支持。

谨以此书献给那些奋斗在一线的、为了广东经济发展做出巨大贡献的人们。

2019年11月21日

于白云山

图书在版编目(CIP)数据

企业存亡与市场活力：从工商企业大数据看广东经济 / 李青，查婷俊，徐丽鹤著. --北京：社会科学文献出版社，2020.9

ISBN 978 - 7 - 5201 - 7211 - 0

Ⅰ. ①企… Ⅱ. ①李… ②查… ③徐… Ⅲ. ①区域经济发展 - 研究 - 广东 Ⅳ. ①F127.65

中国版本图书馆 CIP 数据核字（2020）第 168248 号

企业存亡与市场活力
——从工商企业大数据看广东经济

著　　者 / 李　青　查婷俊　徐丽鹤

出 版 人 / 谢寿光
责任编辑 / 王玉敏

出　　版 / 社会科学文献出版社 · 联合出版中心(010) 59367151
地址：北京市北三环中路甲 29 号院华龙大厦　邮编：100029
网址：www.ssap.com.cn
发　　行 / 市场营销中心（010）59367081　59367083
印　　装 / 三河市龙林印务有限公司

规　　格 / 开　本：787mm × 1092mm　1/16
印　张：13　字　数：144 千字
版　　次 / 2020 年 9 月第 1 版　2020 年 9 月第 1 次印刷
书　　号 / ISBN 978 - 7 - 5201 - 7211 - 0
定　　价 / 79.00 元

本书如有印装质量问题，请与读者服务中心（010 - 59367028）联系